U0111457

大展好書　好書大展
品嘗好書　冠群可期

大展好書　好書大展
品嘗好書　冠群可期

武學釋典 20

黃逸武 編著

懂勁之後

內家勁的修煉

大展出版社有限公司

勁架子：上圖為書中所強調之「勁架子」，勁架子攻守兼具、根
　　　　鬆並存，是與人搭手之初最常擺出之架式，兼具聽勁與
　　　　蓄勁於一式之內。

採捌相濟：內勁拳架中，每一式過渡到另一式中，都需練到渾圓飽滿無空虛點，否則，便容易在轉換間為對方所破。上圖照片便是從採式過渡到捌式之間，為「採捌並存」，雖是過度拳架，仍有攻有守，勁力綿延不絕。

序──大家來懂勁吧！

「內勁」可是非常迷人的東西，內家拳者有了它，縱使七、八十歲也能力敵數人，拳論謂「觀耄耋能禦眾之形」正是有了內勁之故。有人終身尋覓它而不可得，有人在機緣巧合下稍窺奧秘，卻無力培養蓄勁，任其幼苗枯萎，一生終無緣再見。也有人縱使練得片段內勁，卻不知從何加強與發揮，以致成就有限！

以上皆因不懂勁之故，不知勁從何來，亦不知勁從何處去，不知如何開勁、養勁、練勁，亦不知如何築基與整勁！這些問題也曾困擾筆者十八年之久，而在懂勁之後，筆者便要以過來人身份，在本書中清楚揭露內勁的修煉奧秘。

這本書是繼前作《懂勁－內家拳的瑰寶》之續作，與《懂勁》一書不同之處在於，《懂勁》是忠實記載懂勁之前的練功手札與懂勁時的心得；而這本《懂勁之後－內家勁的修煉》則以課程方式循序漸進的傳授內家勁法，是整理筆者傳授內勁時的教學講義與教學心得。兩者若以層次而言，懂勁在心態描述上較多，懂勁之後則在實務傳授與演練上較多，故《懂勁之後》算是《懂勁》的進階版。正所謂「教學相長」，自己學會是一回事，要教會別人又是另一回事，懂勁已誠屬難得，懂勁之後的傳授與體悟，則

更加燦爛繽紛。

身為內家拳正宗的太極拳，以往曾有輝煌戰績，從陳家溝第九世陳王廷身處明末亂世的蕩寇保鄉，乃至於造拳傳子孫；一直到清末時楊式太極楊露禪把太極拳帶到北京一鳴驚人，父子二代技壓群雄，當代合稱為「楊無敵」。若他們的太極拳不堪實戰，又怎能蕩寇與無敵呢？

惜今人僅視太極拳為養生拳，學太極拳也以養生為目的。太極拳被列為養生功夫並非不好，乃是大好，是突顯它比其他武術更適合人體工學的優異點。但太極拳若只屈於養生領域，則面對先賢的心血與成就，我輩豈不汗顏。

這是後人學拳，只學其相，未得其髓的結果。其髓者內勁是也！講到內勁，太極有其獨到之處，從根勁、纏絲勁、整勁、八勁法、十三勢等等都是他家所少見的深入研究。太極先賢們一再交代，太極不重其形而重其意，而意乃勁之領也，故內勁才是太極根本。若久練太極而未得其髓——內勁，則如入寶山空手回。

這是筆者摸索太極十八年突然懂勁後的切身感受，有勁與沒勁的太極拳兩者境界相比，猶如天壤之別；有勁的太極拳可強可柔，可無限深究其趣，並可持續進步，直往階及神明之境；而沒勁的太極拳，別說打十八年是空拳，就算打八十年也還是空拳，既不能強也不能柔，既不能真強身，也不能真應手。

對於習練太極拳者而言，一輩子若只空練養生太極，著實萬分可惜，面對先賢的研究與成果，更是情何以堪。

目前習練內家拳而懂勁者，幾乎都不清楚自己是如何

懂勁，自己為何懂勁？自己因何懂勁？自己何時懂勁？懂勁前後有何不同？懂勁者況且如此，而未懂勁者又更不知道如何回答！另外還有一些未懂勁卻又自認懂勁者，以上的問題更會是一頭霧水！

　　這是因為目前內家拳幾乎都是以「漸悟式」方法懂勁，也就是在得天獨厚的條件下，一直下工夫練拳，若有天份者早晚水到渠成，真功夫自然來。再加上，許多懂勁者的勁是被其師傅以「餵勁」方式茁壯的，非自行體悟、自行鍛鍊出來的，故屬「漸悟式」懂勁。「漸悟式」懂勁並非不好，也是一紮實的懂勁法門，但如同佛法禪宗直指人心的「頓悟」，懂勁也可走「頓悟式」法門，並非一定要苦下工夫去漸悟懂勁。

　　筆者自認自己的懂勁，屬於頓悟式懂勁，在十八年的摸索之下，一朝受到「熊經」啟示便突然頓悟懂勁。懂勁之後眼界大開，舉手投足盡是勁意，先賢著作之拳理皆通，也能分辨其高低、對錯。而且勁法也用得出，內勁也能持續在身不退轉，更可喜的是，內勁還能不斷的精進與進化。故王宗岳拳論所言「懂勁後愈練愈精，默識揣摩，漸至從心所欲」、「由著熟而漸悟懂勁，由懂勁而階及神明」實非妄言，誠乃真實體悟。

　　筆者十八年的摸索太極，實仍處於王宗岳所謂「著熟」階段，也正如禪宗六祖惠能在未見到五祖弘忍前，僅是一不識字山野村夫，而識得五祖之後，頓悟瞬成六祖惠能，成為中土禪宗最耀眼的開悟者。筆者懂勁之後，目前也朝著「階及神明」之路邁進。

懂勁之後回首望，方知懂勁亦有技巧可循，並非一定只能靠悟性高、下苦工夫方才懂勁。正如佛法有「十萬八千法門」，懂勁也非僅有「漸悟式」、「頓悟式」兩種模式。

筆者自《懂勁》一書出版後，便在台灣台北市開設「懂勁」課程，本書正是這些課程的總整理，來學者只要用心學習揣摩，配合筆者的引導，不出三個月至半年，都能創出自己的懂勁感。甚至，有學員初來試勁時，連筆者僅用一隻腳站立也推不動；學勁四個月後，卻猶如脫胎換骨，根勁竟能與筆者相媲美。能有此成就，自然是在課程中摸到了勁，進而懂勁了，假以時日前途未可限量，他可以如此，君又何嘗不能！

若你苦於自己太極已到了瓶頸、若你不甘於武術僅能在技巧與體能上做痛苦鍛鍊、若你的外家拳已經漸緩漸弱、若你已漸年老力衰；這表示你的身體正向你發出吶喊，吶喊它渴望得到一個能讓它重生的「內勁」，讓你的身體得到可以伴隨一生的「內勁」，才是你目前當務之急。

認識內勁、懂得內勁之後，你的身體便猶如脫胎換骨一般重生，練得內勁後，內勁會成為你一輩子最好的朋友，內勁會加持在你身體裡，與你原有力量混合一致，讓你的身體更強大，力氣更整齊。這些進步我在自己的身上看到了，也在學員們的身上看到了，希望也能在讀者身上看到。

若你看完本書，能全然體悟自行得到內勁，非常恭喜

你，因為你也頓悟懂勁，期許可往階及神明邁進，筆者著書心血沒有白費。而你若對於書中所描述之事，未能全然體悟，那麼，更歡迎你來與我試勁與學勁，只要用心不出三月半載，絕對讓你有全新領悟，讓你一窺太極最核心的瑰寶，甚至讓你成為未來的「一代宗師」。若要與筆者連絡，可與本書出版社連絡，或來信 E-Mail：gwojoe@yahoo.com.tw 即可。

　　文末要藉此感謝，一路以來指導與啟發筆者的加拿大鄭子太極拳協會會長沈于順先生，無沈先生的教導，筆者至今勢必仍在摸索，無法邁入真懂勁的門檻，更無法著書與同好分享懂勁之後的心得。

懂勁之後 內家勁的修煉

目　錄

開　勁

太極拳的優勢——「內勁」與「聽勁」

　　內勁是內家拳的根本，少了內勁的內家拳，便不能稱為正統內家拳，只算是徒有內家外貌的外家拳。不以駕馭內勁為主的內家拳，技巧再高超、手法再細微、拳架再複雜、拳路再刁鑽也都是走偏門，還不如先藏拙，把內勁給練出來，再出來一鳴驚人。

　　而且同樣是內家拳者，技巧高者遇到內勁強者，好的招式一招半式也使不上來。一出手便受制於對方內勁，就好像突然忘記技巧一樣，完全達不到太極拳所要求「制於人而不受制於人」境界。

　　這是因為「一勁破萬技，無招勝有招」，對於像大樹倒下、大石滾下、大浪襲來般的勁力，當下能做的也就是全力抵抗，或者迅速逃跑而已。如同成語「大位不以智取」，大力也不能以巧躲，又如同金庸小說《神雕俠侶》中，楊過斷臂後遇神雕，與其比起武來，什麼技巧花招對神雕通通不管用，神雕只要一展翅一踢腿，便猶如千斤壓頂而來，應付況且不及，又何來技巧反擊呢？

　　更悲慘的是，著重技巧者若與外家拳交手，一出手便會被對方的速度與力量給打倒或摔出。因為太極原本講究鬆柔，在自家圈內練習久了，如同閉門造車，漸漸便會與外家拳脫勾，而自成一格。

　　縱使練習了推手，卻也是在雙方搭手之後，才能應用的手法；可是通常與外家拳交手時，鮮少有人會與對方搭

手、手推手的磨磨子，這是因為外家拳原本就不練推手，所以，他們不習慣與人搭手；另一方面則是，真實交手哪有先接觸到對方之手，搭手後才開始比劃的。

實戰上，雙方一搭手就是極其危險之事，外家拳通常認為一搭手就等於先廢了自己一隻手的攻擊力。而且外家拳的蓄勁動作，大部分需把手往後拉回，才能產生攻擊力；若先搭手則出拳空間盡失，呈現已出擊狀態，要再攻擊仍需再拉回，故外家拳都是以不搭手情況下出手，習慣於慢與柔的太極拳者，突然遇到又快又急的拳術，往往先吃大虧。

但太極拳卻並非完全沒優勢，太極拳真正優勢即在於「內勁」與「聽勁」上，有了內勁與聽勁的搭配後，力量與速度便通通具備了。既能佔盡先機（聽勁），又無需先拉再打（內勁），無形中省下了交手時最重要的兩段時間。故在「內勁」與「聽勁」兩者相輔下，太極拳架中的招式再簡單，用起來卻可以威力十足，速度可如電光火石般快速。

內勁除了讓自身勁源充沛之外，還能先發制人，聽勁則讓自己「我獨知人，人不知我」，聽勁若練到在後面章節所談到的「氣場聽勁」階段，更是無需搭手也可聽勁，所以也無所謂搭手聽勁的問題存在。

太極拳若練得好，光是太極拳的第一勁「掤勁」，便可勝過別家拳的千招萬招，一掤手身形便完整攻守兼具。對方縱使爾後還有利害招式，卻會在抵擋掤手之後全都用不來了，這是因為掤手的勁道強大，無論在衝擊或拔根

上，沾者無不應聲而倒，對手抵抗況且不及，又何來反擊之能呢？

　　而且內勁搭配聽勁之應手，用起來更是佔盡先機，動作宛如電光火石般快速，絕非如練拳架時的柔緩移動可比擬。這是因為有內勁者已先把內勁貫穿在體內，無須再拉回後才能出手。故可在應用時，少用對手二項動作（聽勁、蓄勁）的時間，這才可以極為迅速。

　　打拳架的緩慢是在於培養內勁，一旦真正應用起來，內家拳的整勁速度，自然要比外家拳快許多。故多打拳架培養內勁、練好鬆沉，培養聽勁能力，才是追求太極拳實用者的真真確確方向。

一切都須從「開勁」開始

　　要練對太極拳，甚至要練對任何內家拳，都得要先從「開勁」開始。身體的內勁若能開啟，就如同開啟了隱藏的寶藏，開啟了身體的密碼，終身都可以練勁，而且越練層次越高。

　　鄭子太極拳鄭曼青之高徒廖禎祥老師傅，在筆者作此書時已九十高齡，身體仍健壯可天天練拳，天天與徒弟推手發勁，而且程度越來越高，可見只要練對太極拳，根本就不會受制於年紀限制。甚至許多醫師更倡導老年人更需常打太極拳，好增強老年身體的協調性。太極拳在養身上的地位，已獲得醫界的肯定。

　　殊不知，這僅只是最簡單的太極操功效而已，若練成

「太極勁」不但強身健體，更能延年益壽，甚至能在無形之中練成內家高手。

若內勁一直未能養成，一般練武者只能練到年輕之時，天資特別優異者最多也只能練到壯年為止。中年以後，人的身體各部位肌肉彈性減退且易受傷，復原又緩慢，一下子這裡受傷，一下子那裡受傷都不易恢復，這是人體的生理機能退化所致，任誰也無法改變。

內勁未養成，就是沒有串連全身的單一短勁，成為「一體整勁」。在練勁方面，不只練太極拳講究內勁，其他家內家拳、氣功，甚至外家拳也同樣認為要練內勁。只是其他派別多從丹田練起，但是要以丹田勁竄入四梢，確實不易，如同長江中游之水，要達上游以及下游一般困難。筆者在前作《懂勁》一書，建議從「根勁」練起，既符合人體機能又能借地之力，這是太極獨特且殊勝的練法。

身體若未能運用整勁，很容易讓部分肌肉與肌腱在使力或接力時，單一肌肉受力過大而拉傷。再加上，人一旦超過青春期之後，修復力開始減弱，破壞力大於修復力之下，自然常會覺得這裡痛、那裡疼的，這便是未用整勁之害。

而有了內勁統馭全身單一短勁，成為一體整勁後，不但應運起來省力，全身不使「拙力」，單一肌肉、肌腱也不會過度負荷重力，還可以把受力傳導給地面，故自己身體不易受傷。且由於是整體一勁，應用起來更是威力十足，且能讓身體協調功能大增，至老至死都能健步如飛，

練拳能練到天壽已盡的那一刻為止。

筆者的太極拳授業明師加拿大鄭子太極拳協會會長沈于順先生便曾對筆者說：「你就安心練太極拳吧！你一生花多少時間練拳，太極拳通通會還給你，若你一輩子花了二十年時間練拳，你的天壽若有八十歲，你便可以活到一百歲；而且它還會加送你健康，讓你活的一百歲裡，都是健健康康的。」

太極拳會還你練拳所花費的光陰，再附上健康的身體。故許多優秀的外家拳者到了中年以後，便紛紛改練太極拳，除了知道自己的外家拳已經打不動之外，也漸漸懂得太極拳的養生好處。

懂勁的步驟

懂勁是必須要有先後次序的，少了正確的步驟，或跳過步驟，或順序錯誤，都會讓懂勁事倍而功半，甚至到頭來一場空，成為白練的外家武術，只徒有內家外貌，卻沒有內家精髓。

我花了十八年時間摸索學勁之後，方知這「懂勁步驟」的重要，於是便趁教授學員時，重新審視並整理這些懂勁的重要順序，於是在筆者所開設的懂勁課程中，便歸納了以下的學習步驟：

一、開勁。

二、築基。

三、找勁。

四、養勁、練勁。

五、練鬆。

六、練氣場。

七、練聽勁。

八、練接勁。

九、練化勁。

十、練發勁。

十一、練前龍後虎。

十二、練破勁。

十三、搭手八應。

十四、根勁太極與鬆柔太極。

十五、練慢拳。

十六、練絕活。

十七、進階課程。

未開勁便無陰陽

要想懂勁，首先就得要先開勁，人未開勁時，就如同混沌之初的無極境界，一切皆是虛無，一切也都俱全。雖然一切皆俱全，卻也一切皆空空如也。故在練勁之初，首先要先清分陰陽，開勁的分陰陽，正如在電極中分出陰極與陽極一般。在電的世界裡，陰陽二極能夠分的愈清，電力就會愈大，以後轉換成的動能也就會愈大。人的陰陽也是如此，陰陽分得愈清楚，以後勁的動能也會愈大，甚至以後身形微晃，就能產生如同大力士般的力量。

　　開勁之初的動作，只適合開勁之用，並不建議用作為以後與他人實際交手之用。開勁的動作，是要專注於己身開勁時的陰陽清分，才是重點，不是拿來打人用的。開了勁，縱使勁再微小，也是星星之火，以後都可以燎原；一開始最怕的事情，是「貪多嚼不爛」一心多用，以致於開不出陰陽，陰陽不分的拳，至終還是無勁的空拳，唯有開出了勁之後，才能講求之後的練勁。

　　筆者的前一本書《懂勁》，幾乎有一半的篇幅都圍繞著「開勁」編寫的，其中包括了開勁前的準備、開勁時的感受、開勁後的確認，以及開勁後的狂喜。開勁的感覺是必須真真確確的感受到，這才算是開勁。

　　就像學生考試從十分、二十分……五十九分，最後達到六十分及格以上的境界一般。未達六十分及格門檻之前的成績，不管幾分，通通都是不及格；而一旦達到六十分以上的成績，不管是幾分，便通通算是及格成績。開勁就像是一個資格考試一般，能及格者就算是開勁成功了，但不及格者不管考幾分，也都仍是未開勁成功，必須再重新往開勁的境界再加油。

「開勁」是直指人心的印證

　　「開勁」不但是個人感受，更是師徒之間一種直指人心的印證，如同佛教禪宗的「拈花微笑」一般，佛祖在靈山會上，拈花示眾，眾皆默然，唯迦葉破顏微笑，這一笑兩人就印證完畢了。

　　好的導師經過精確的感受，能夠確實認知到學生開勁了沒有。而已經開勁了的學生，經過認定後，也能確實知道自己已經開勁了，能確實掌握開勁後的感覺，開勁與未開勁之間，不會存在懵懵懂懂的不踏實感，而是強烈感受到前後確確實實的不同，並且開勁者自己心裡會知道，若依循開勁後的感覺繼續做，勁會越來越大、心裡會愈來愈踏實。

　　若師徒兩人對於彼此是否已經開勁了的感覺都不清楚，這就表示師徒兩人其實都未開勁，未開勁的老師自然無法體會學生的勁源出處，自然也無法察覺學生是否開勁了。而倒楣的學生，縱使在開勁之初，開出了勁，若未得明師指明點破，很容易又會落回原來混沌之初的無極境界，無法有效地繼續栽培剛開勁的幼苗，終究任其枯萎。除非是天生如傳說中的太極真人張三丰一般的資質，能夠自行體悟與進化。否則，絕大多數人縱使稍微開勁成功，也大多會落回原來的無極境界，再一次成為未開勁之人，如此反反覆覆，終究無法成為大氣候。

　　故已開勁者對於未開勁人的引導是非常重要的事項，絕非隨便找個太極老師學學就可以辦到的，一定需找到明師。師徒兩人手把手的感受著、帶領著，才能確實讓後學者開勁成功，並繼續進化。有人氣候到了，一切都俱全了，幾週就開勁成功了。但更多人東缺西缺，缺的太多，必須要一一補足，方能開勁成功。不過只要肯虛心學習，資質在中等以上之人，一般都能開勁成功的，並非一定要天生練武資質的人才能開勁。

因為勁者筋之伸縮是也！故勁是天生便俱全在人體裡面，就像天空的雷電一樣，看不到摸不著，但雷電一旦放出，便有四十萬伏特的高壓電流，如此高的電力卻存在於輕飄飄的雲朵之間。而引導出四十萬伏特高壓電的，就只需適時的陰陽兩極接觸便能立刻引爆。這是因為高壓電力早已存在於雲朵之間，非外來之物。勁也非人體外來之物，而是早已存在於人體內的能量。在經過清分陰陽的開勁訓練之後，就能清楚的摸到勁的初苗，有了初苗後，便能進而讓「勁樹」長大茁壯，成為參天大樹，甚至成為無法撼動、令人驚歎的千年神木。

開勁之前先鬆筋

要開勁之前，得先要拉筋以求鬆筋，拉筋算是一種暖身操，在「懂勁」一書中，我們已經說過「練勁者練筋是也」。故要開勁之前，一定要先拉勁，甚至縱使已經開勁了，每次走拳架之前，也是需要先拉筋。拉筋主要是讓身體的筋骨先熱身起來，這樣才能承載練勁時的強大拉力以及發勁時的強勁力道。

拉筋操的目的，是讓身體的主要筋韌能夠在練習太極拳之前先活絡。當主要筋韌都熱身過了，之後才能開勁與練拳，身體才不容易受傷，這在古今中外的體能運動上皆是如此。熱身拉筋操之後，便可以鍛鍊更細微的筋韌部位，之後再統馭全身的筋韌成為整勁。筆者在課程中建議的拉勁模式為拉筋五式。

吻靴、頂天立地、背手、壓手、揉踝

　　拉筋五式包括吻靴式、頂天立地式、背手式、壓手式、揉踝式。

　　以下是五式的介紹：

吻靴式：

　　做吻靴式時，單腳打直，腳掌向上翹起並撇住，另一腳微曲，身體從直腳那邊腰跨部分打直，直接向下彎曲，目的是要拉到身體小腿至大腿，至腰跨的大筋，一次約摺疊 20 ～ 30 次，然後換腳再做一次，兩腳做完為一趟，來回二～三趟即可。

　　吻靴式顧名思義就是要讓嘴唇碰到腳尖，不過，鮮少

上二圖為吻靴式示範

有人能達到此境界。練者不必太過勉強，僅需感覺拉到小腿至大腿，至腰跨的大筋即可。二～三趟做完後，人有種氣血活絡的舒暢感，是拉勁第一式，地位非常重要，每次練拳之前一定要做。

頂天立地式：

頂天立地式是要拉身體背部的筋韌，做法是十指緊扣翻掌，雙手舉過頭向上撐，撐到腳根浮起，然後再落下腳根。當落下腳根時，雙手同時再向上一撐，形成一上一下往上下拉撐，這樣就能拉到背部的筋韌，手臂兩側與腳跟之筋韌也能同時拉到。這樣連續拉撐約二十～三十次，便完成頂天立地式。

頂天立地式做完後，同樣會感覺身體無比輕鬆自在，因為身體從上到下一式就把氣血筋骨都拉開了，人會感覺舒暢萬分。

上二圖為頂天立地式示範

背手式：

背手式是拉手臂、肩部與背部兩側的筋韌，這邊的筋韌擔任腿勁、腰勁的傳導至手上，可說是非常重要的傳導部位。人身體從腳掌、到腿到腰到肩，身體的勁都可以呈現直線的傳導，但至此則會轉折近 180 度，斷點極為明顯。若未熱身便直接發勁，往往不是全身的勁傳導卡在這裡，便是這裡受勁過猛，而讓肩部筋韌受傷，故這裡傳導好不好，便成為整勁齊不齊的重要關鍵。在後面課程中會說到的「勁架子」，其中要求的「沉肩」，便是為了讓勁在這裡傳導順暢。

背手式在此擔任非常重要的熱身工作。背手式的做法是，雙手擺在身後，十指緊扣，然後翻掌朝後，雙手臂向上抬起，抬不動後便放下，十指仍是緊扣向後翻掌，這樣來回抬放約 20 ～ 30 次便完成背手式熱身。

上圖為背手式示範

背手式的作用是熱身拉動手臂與肩的筋韌，讓肩與臂的筋韌活絡，不至於在傳導時卡住勁或者受傷。

壓手式：

壓手式如同背手式，也是活絡手臂與肩的筋韌，不同於背手式的向後拉展，壓手式是向前拉展。一個區域會用兩式來要求熱身，可見大部分的人勁都是在此傳導不過，故要要求兩項拉筋動作。

壓手式的做法是一手手臂彎曲成 L 狀，勾住另一手手臂外緣，勾住之後然後向身體內側勾壓。目的是讓被勾住的手臂外側筋韌得到伸展，每次約 10 次，然後換手再做 10 次，兩手做完為一趟，總共做二～三趟即可。

壓手式是伸展手背外緣與肩的筋韌，這邊的筋韌唯有這一式才能伸展得到，這個動作也常用於棒球選手的熱身運動當中，尤其是投手更是必做的熱身運動。

上二圖為壓手式示範

揉踝式：

揉踝式便是揉繞腳踝，腳踝擔任腳掌採蹬搓揉產生的根勁的傳導第一關，這關若傳導不良，就如同一開始便出錯一般，之後的勁便只會遞減而不會遞增，這關若是傳導良好，便是「好的開始是成功的一半」，之後的勁便易呈遞增狀態，故這關的傳導影響了往後所有勁的威力。

做法就是腳跟提起僅前腳掌虛點著地面，然後腳掌輕輕的以圓形圍繞著地面，一腳做時，另一腳支撐。做約 10 ～ 20 圈後換腳，兩腳做完為一趟，總共做二～三趟即可。重點在於輕點著地面，圍繞時腳拇趾亦可移動；另一重點在於不要讓腳踝上面的膝蓋也轉動。

人體膝蓋的先天設計，僅能讓人前後伸縮抬放，不適合常作左右扭轉的動作；膝蓋若過分左右扭轉，便會傷到膝蓋韌帶，練錯太極者往往有大半的人會傷到膝蓋。原

上圖為揉踝式示範

31

因便是從身上傳來的勁，不管是自身的勁、還是接別人的勁，僅能傳導至膝蓋，無法傳導至地面。無法傳導至地面，則無法借地之力，最終膝蓋便成了受力的代罪羔羊。

拉筋五式做完之後，人應該會感覺舒暢無比，整個人氣血通暢，精神旺盛，縱使不練拳，也可以在平常多做的拉筋操。有句俗語說：「筋長一寸，壽延十年。」可見拉筋是多麼重要的一件事情。

拉筋五式是每次練拳之前必備的熱身動作，當練完拉筋五式之後，便可以進入懂勁課程的第一課「開勁」。勁若未開，縱使神仙打太極也是枉然，勁若開出，凡夫俗子也能超凡入聖，開勁成不成功，是決定所打的太極拳是真是偽的分水嶺，習者不可不慎。

開勁五禽戲──虎步、鹿鳴、熊經、猿舒、鳥伸

開勁最好的動作首推「五禽戲」，五禽包括虎、鹿、熊、猿、鳥五種，五禽戲則是虎步、鹿鳴、熊經、猿舒、鳥伸。「五禽戲」乃東漢末年醫聖華佗所創，由於華佗被曹操所斬，他的醫術在當時並未流傳下來，成為中華文化的一大損失，連五禽戲也未能流傳於世。

目前所流傳之五禽戲，與東漢末年華佗當時所創的五禽戲應有所出入。目前的五禽戲應是後人意會華佗遺留文字所創，而且各家各派的五禽戲練法也有相當大的出入，有些是每一式都單練，故有五式，亦有些是五式綜合串連習練。

　　筆者課程當中所習練的是單練式，筆者武術好友台北紀進村先生之五禽戲則是五式混合，可見五禽戲在各派別中各有其用，形式並不相同。

　　不管五禽戲的歷史如何，開勁最好的動作首推單練之五禽戲，筆者就是從五禽戲當中的熊經悟出根勁的精髓，進而讓自身的根勁養成並茁壯，成為整勁的基礎，這都要歸功於熊經之功。故若要說開勁，首選動作便是熊經，熊經是最適合在不動步的狀態下開勁的招式。熊經學通了，太極拳也懂一半了。熊經的動作，所收錄的影片檔已附在本書之光碟裡面，讀者可自行參考。

　　話說筆者本身的開勁，是以「熊經」為練習基礎的，之前先有過十八年的太極拳習拳經驗，再輔以螳螂拳、內家拳、跆拳、拳擊等訓練內涵，經過三～四週的紮實的熊經練習，終於皇天不負苦心人；在一天晚上，特別能感受勁由腳底螺旋上升的充實感，這種感覺很熟悉又很清晰，彷彿是找到失落已久，卻一直帶在身邊的寶物，眾裡尋它千百度，卻在燈火闌珊處，找到的「勁感」絕非若有若無的飄渺感，是確確實實的充實感。

　　等到持續練習熊經，練到兩腳都能感受到螺旋上升的勁力時，開勁大致上就算是小功初成了。這是最困難的第一步，也是極為重要的第一步。若不加以珍惜，繼續練習保持這種感覺的話，「初體驗」往往會在往後的二、三天內全部忘光，恍如一場春夢。

　　此時的初勁如同大樹的幼苗一般柔嫩，粗心踐踏便會枯萎，需要不斷地呵護與培養，一直要練到叫勁來，勁就

能來的輕鬆召喚境界，這才能放下心來，就像樹已經長了
二～三年，能稍微獨立，這才算是小功告成。

上六圖為熊經示範

直指人心、不立文字、教外別傳

　　開勁大功告成之後，再來就需要明師的印證，這點很重要，若無明師的確實印證，則如漂流在茫茫大海進退失據，每走一步便如履薄冰，不知是對是錯，又如行在五里霧中伸手不見五指，心中不踏實。

　　開勁的印證就如同佛教禪宗的印證一般重要，經過明師印證之後，就可以彷彿如撥雲見日，亦如同航海多了羅盤、多了衛星導航，方向明確而清楚。

　　藉由有根勁的明師給予實際搭手印證後，若是真的能印證出有勁感，兩人一搭手，明師會真實感受到學生的勁真由腳底生成，而且毫無冒犯衝擊之意，與用力推的感覺

完全不同，這勁能抵抗明師來試勁的力道，卻不是力抗、力頂。

我們換另一種方式來說，可以說縱使學生使勁「推捌」明師，學生卻可隨時收回這勁，故沒有冒犯之意，若真的是明師，自然也不會被學生這青澀的「嫩勁」給推倒，自然無懼對方的使勁推捌，來印證的學生大可大膽使勁「推捌」明師，但學生推捌之同時，也能感受到自己可以隨時收回所發出去的勁道，這便是長勁之能。能練到這種感覺，才算是開勁成功了。

當然，開勁的方法不只一種，若以鄭子太極拳三十七式而言，應該起碼有二十幾式可以把勁給開出來。

以筆者的經驗而言，光一「捌式」也能達到開勁、起勁、練勁的效果。故為何一樣是打太極，懂勁之人打拳架愈練愈精，打拳架、走拳架變成在練勁、養勁，走一遍就多了一分功力，走十趟便多了十分功，往往在不知不覺當中，內勁便自然生成，毫無人工雕琢做作，愈練勁源愈充沛，內勁渾身竄流無所不在；而未有勁之人，打拳架都只是空有架子而已，手上輕飄飄沒有厚實感，多練僅算是練練伸展操罷了。正因為懂勁之人利用拳架不斷的自我養勁、練勁、磨勁之故。把勁當成拳架的內涵，是練拳主要目的，練到召之即來、揮之即用，便能無入而不自得。

筆者在先前的《懂勁》一書中曾自編的二十二式根勁太極拳，就是每式都能練勁來的好拳式，招招由腳底生勁，打來無不勁力充沛，好不快活。

陰陽轉移與踩蹬搓揉

　　以熊經開勁的最主要目的，是要體會自己身形上的陰陽轉移，以及腳掌底筋肉踩蹬搓揉之變化。由於人體本身就是一個小宇宙，老子道德經曰：「人法地、地法天、天法道、道法自然。」道是規則，規則仍要依循自然法則，不脫自然本性。而人也是自然的一部分，當然也是一個小宇宙。

　　宇宙本是由無極而生，從無極變成大千世界，經科學推論現在的宇宙乃是源於一小點的陰陽二分，由極小點的「宇宙大爆炸」，進而形成目前浩瀚無邊的宇宙。甚至科學家還推論，真正宇宙應該不止我們現在所知的單一空間宇宙，而是應有 16 ～ 17 度的平行空間存在，才能符合四大力場的平衡要求。這已超出本書範圍，且按下不表。

　　在還沒有大爆炸之前的無極宇宙是空無一物，是沒有時間、空間與物質的存在。之所以會有現在的繽紛大千世界，是約莫在一百四十億年前的宇宙大爆炸所形成的。宇宙大爆炸之所以會產生，是所有物質壓縮至極致一小點，在一小點中有了一點的陰陽二分變化，宇宙大爆炸於是生成，如同濃縮再濃縮的炸藥爆炸一樣。就因電流陰陽二極觸碰出一點小火花，進而產生連鎖反應劇烈的宇宙大爆炸，起始的火花乃是源頭。

　　大爆炸之前沒有時間、沒有空間，便是無極，陰陽二分後便產生了太極。大爆炸之後的連鎖反應，形成形形色

色的宇宙大觀，有星雲、銀河、星系、恆星、行星、衛星，甚至黑洞……等等，如同太極生兩儀、兩儀生四象、四象生八卦……。追根究底還是一百四十億年前，當時有了一小點的陰陽變化之故。

人體初始只有短勁，沒有內勁、長勁

人體初始也是一樣，原本是無極、無長勁的，身體運動都是由肌肉力來主導，肌腱力僅作輔助傳遞的工作。要想產生內勁、長勁，便必須透過起始點的陰陽二分來開勁，才能產生之後的無限勁道出來。進而從單一勁進化至整體一勁，甚至到後面的「吞天之氣、借地之力」與天地一勁的境界，身體至此已成為勁力的傳導工具，而不是發勁力的工具；這些勁的開端都必須從熊經鍛鍊開始，熊經鍛鍊便是要開出最原始的勁源，也就是以後要借地之力的「根勁」。

熊經可悟得太極的一半，但是用來開勁，才是本書課程介紹熊經的主要目的。想開出根勁，則要先體會自己腳掌底的踩蹬搓揉變化，進而鍛鍊出根，等到有了根後，就會慢慢體會到根勁的感覺，這才是太極內勁的真正關鍵點，開勁等於是啟動炸藥爆炸的引信。

熊經開勁的秘訣

在熊經課程中我會要求學員在做熊經時，要體會到以

下的六項感覺，其分別如下：

1. 8 字位移。

2. 踩蹬搓揉。

3. 繃緊單腳腳筋。

4. 纏絲轉換。

5. 腳皮與腳盤骨的骨肉分離。

6. 腳底的盤根錯節。

以下便是別詳細分析：

1. 8 字位移：

我們若仔細觀察熊的動作，會發現熊最常出現的動作便是左右搖擺、走起路來搖頭晃腦，然後練出虎背熊腰的蠻力。熊經取其義，便以雙腳掌不動而移動身體重心左右移動，如同在兩腳之間，以身體重心寫下「橫 8」的字體，也就是英文「infinite」這個字符。我稱之為 8 字位移，這 8 字位移便是身體虛實的陰陽轉換，未來在發勁打人時，也是靠這身體虛實的陰陽轉換，故王宗岳《拳論》說：「立如枰準，活似車輪。偏沉則隨，雙重則滯。每見數年純功，不能運化者，率皆自為人制，雙重之病未悟耳。」

熊經一開始便是要練習清分陰陽，突破「不能運化」的境界。8 字位移要常體會，不是單純的左右、左右重心轉換，而是漸進式的 8 字移動，讓身體重心從左邊 100% 漸進式的移到右邊 100%。

2. 踩蹬搓揉：

熊經在身上分陰陽移動時，腳掌可不能跟著身體移

動、挪移，若是腳掌跟著身體移動、挪移則成了跳舞，而非練勁。腳掌若移動只會練到左右的陰陽轉換而已，沒有練到根，鄭子在體用歌裡面便說：「我有一轉語，今為知者吐。湧泉無根腰無主，力學垂死終無補。」若想練到真功夫，就必須要有根，要想有根，腳掌就必須扣緊地面。

如何扣緊地面呢？即是當身體陰陽轉換移動時，腳掌以「踩、蹬、搓、揉」四種動作來抵消身體的轉移力量，如同汽車的避震器避掉路上移動時的巔波，又如一棵樹的樹根在對抗風吹樹葉、樹枝、樹幹時的抓住地面。

練久之後，未來接勁、化勁、發勁都會用到身體的陰陽轉移，而腳掌此時也如影隨形的以「踩蹬搓揉」四種動作配合身形變化，進而鞏固根源，能鞏固根源才能借到地力，也才能把對方的力量傳導到地面上去，進而產生反作用力回擊對方，故可說有踩蹬搓揉才有根勁，沒有踩蹬搓揉就沒有根勁。

3. 繃緊單腳腳筋：

熊經的重心移動讓身體重量永遠在左右腿之間遊移著，但這遊移要有著主從的關係，也就是陰陽移轉時，重量份量較多者為陽，重量份量較少者為陰。但陽的重量會漸少，陰的重量會漸多，最後兩者交換，陰佔重量超過了50% 即轉為陽，陽則瞬間轉為陰。在未轉換身份之前，陽腳的重點在於支持並輸出動能給陰腳，陰腳之重點則在於接收與伸根。故需要有繃緊單腳的感覺，這便是繃緊單腳腳筋之意。

若未能繃緊陽腳之單腳腳筋，則雙腳雖無雙重之病，

卻也是犯了「雙浮之病」，如同浮萍在水上漂，熊經之功便全白費。但若有繃緊單腳腳筋，兩腳隨著互換角色而互相繃緊、放鬆，則兩腳伸根功力會越來越好，終究會練到「一落腳便生根三尺」的境界。

4. 纏絲轉換：

左右腿的陰陽轉換的過程，是漸進式的重量轉移，但非簡單的把重量逐漸移轉到另一邊，是透過8字弧形逐漸移轉。透過8字弧形逐漸移轉，便有了纏絲的味道，也就是身體重量是呈現螺旋式的過度到另一邊去，而非直線式的移動。因為我們未來要利用纏絲勁，這邊便要開始習慣身體重量以這樣的螺旋方式過度重量。

由於我們對於腳掌的要求是以踩蹬搓揉扣緊地面，原本的螺旋式一端，此時已經繫緊，自然把螺旋感提升至纏絲感，就像頭髮編辮子，又像繩子綁肉粽一般，一端固定，另一端則可越纏越緊，在肌肉不動之下，纏絲的旋轉，自然也讓肌腱（筋韌）訓練到彈性與韌性強度了。而且這纏絲旋轉是溫和性的，因為沒有外力介入，只靠自身力緩慢螺旋作用，故不易有拉傷肌腱的危險性，若使用外力硬推硬拉便容易拉傷肌腱。

5. 腳皮與腳盤骨的骨肉分離：

前面四項介紹熊經的陰陽轉換，到了第五項便要深入介紹腳掌的變化應對，在經過第二項的踩蹬搓揉之後，強大的旋轉力將直達腳皮，要將腳與地面脫離。此時，若一鬆腳，腳掌便立刻向外撒放出去，這一撒放也把功力給撒放掉了，並未借到地力。

　　但我們也不是要死踩著地面的死根，我們要的是「活根」，故此時要稍微提起腳之肉掌，但仍讓腳皮還貼著地面，而且不能移動撒放腳皮與地面的接觸。這樣一來，借由踩蹬搓揉練到的纏絲勁將繼續鍛鍊連接腳皮與腳掌之間的筋韌，腳掌的筋韌複雜，借由這樣的骨肉分離，便鍛鍊到了腳底的筋韌，腳底的筋韌借由不斷的陰陽轉移，將鍛鍊成強韌到令人吃驚的地步，這也是未來定勁的基礎，透過腳掌的承載，就可以接下任何人的推力而不倒不移。所以，千萬別輕忽了這樣的訓練。

　　6. 腳底的盤根錯節：

　　能確實練到前面五項的要求的熊經，久而久之便會感覺，自己的腳掌就如同可以活動的根一般，而且活根一落地便可生根三尺，這是因為已經把腿、腳練到如樹的盤根

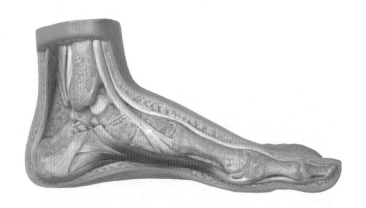

　　上圖是腳掌內的肌腱群圖，我們藉由踩蹬搓揉、纏絲螺旋、腳皮貼地等作用，就是要鍛鍊這邊的肌腱群，未來這邊的肌腱群將產生強大的下盤勁源。

錯節一般，落地自然穩如泰山。要盤根錯節一點也不難，只要把前面五項都確實感受到了，盤根錯節的穩重感便會油然而生，能練到有盤根錯節感之後，便表示熊經這一開勁的式子，確實練對了。

盤根錯節在腳皮

人不同於植物的樹，樹要有強韌的根勁，就必須紮根在地底越深越好，藉由深入紮根強化樹幹的支撐力；而其缺點便是支撐力雖強了，但樹也從此一動也不能動了，只能任由當地的氣候風吹雨打。

人想要有根勁，自然無法像樹一樣紮根到地面下，故人的根勁的產生，便要藉由腳掌骨骼與地面的接觸間的變化來產生根勁。也就是筆者說的，人的盤根錯節乃在腳皮之間。更正確的說法是盤根錯節在腳掌骨至腳掌皮之間，就在這上下 1 公分距離之間，藉由單腳或雙腳的踩蹬搓揉產生了腳掌筋韌的「盤根錯節」效果。

一開始習練時，會覺得很不自然，但練久了之後，不但會感覺非常自然，而且會覺得人本來就應該如此才對。這是因為人類從四肢站立演化成雙腳站立，便是兩腳赤足與地面接觸，人類的腳掌與地面的接觸，早已經演化成為非常成功的貼合結構。

只是在鞋子發明後，人類原本進化成功的腳掌，卻反而少能與地面做真正的接觸，原本的腳掌強大抓地力且敏感的觸覺功能，皆因鞋子的阻隔而被隱蔽起來，甚至退

化，造成有些人在沒穿鞋子時，反而不能以赤腳走一般路面。腳掌在鞋子的過分保護下，已經少了親自與地面接觸的機會。更何況許多愛美的女性，還穿起高跟鞋，更把腳掌承受的結構給完全破壞掉了，能真正感受身體重量的，僅剩前腳掌的一點面積。整個身體的重量都壓在前腳掌上，大大違反生理結構，反而容易百病叢生，更是無法體會腳掌原本該有的「借地之力」功能。

而我們的開勁，就是要還原人成為自然人的原始狀態，以雙腳站立，以整個腳掌承受力，並以纏絲加強人與地面的連接性，最後達到借地之力的目的。一開始要能感受盤根錯節的感覺，就必須要先在腳皮上感受到，進而才能傳導到全身，也就是太極拳所要求的「節節貫穿」之意，節節貫穿的首要工作，自然是第一個環節連接最為重要，這也就是盤根錯節要在腳皮之間開始的原因。

盤根錯節在腳皮的另一層意義，則是當鬆身練到極至之時，全身都可以是鬆的，全身是鬆的話，對手便毫無借力之處，力推來如推到海綿，拳打進來也如墜入五里霧中，而且我們全身都是鬆的話，反應則變的更靈敏，動作更迅速。當全身都是鬆的話，則僅剩腳掌與地面連接，此時腳掌更是要盤根錯節。

我們會在練鬆的那一課程中單獨講鬆，此時我們只需知道所謂鬆就是「上鬆下堅」，當身上越鬆，腳底的連接便要越堅固，就如同海帶在海裡生長，全身都受海水拍打，卻依然能夠快速生長，除了海帶本身夠韌、夠鬆之外，經得起海浪的拍打外，海帶根部盤根錯節在海床上，

更是讓海帶能夠快速成長的主因。

　　人也是如此，身體夠鬆之後，腳掌到腳皮間的盤根錯節便更顯得重要了。

靜在熊經、動在虎猿

　　在五禽戲中，要開勁除了熊經之外，另外虎步、猿舒也是很好的輔助動作，我把「虎步、熊經、猿舒」三式都列為開勁課程中的必學項目，這三式也都附錄在隨書附贈的光碟影片當中，以供讀者參考。

　　虎步是豪邁往前的步伐，並佐以身形的摟膝拗步左右變化。在虎步中，我們要了解的是動態的陰陽相濟，虎步講究是動態的陰陽轉換，與熊經站在原地轉換不同，可以更進一步感受如何在動態時，利用纏絲勁的發勁方式讓後腳的陽腳，過渡到前腳的陰腳，最後達到陰陽相濟、陰陽轉換之功。並以摟膝拗步的身形，配合腳的陰陽變化，達到上下相隨、攻守兼具的太極拳原理。

　　在猿舒動作中，採用的則是後退拉筋、向前展臂的動作，這動作最主要是鍛鍊身形的舒展以及腳根勁的韌性。身形的舒展，可讓身形的圓由寬圓變窄長，這種圓形的變化，未來在亂環發勁時很重要。

　　在實用上，以後便是攦的作用，旨在讓對手碰到我們的圓時被化掉而撲空，而後退則是要練到腳後跟的韌性出來，這韌性未來將用在「採」的動作上面。

　　猿舒的後退動作剛好可與虎步向前的動作，兩者在習

練場地中作為互補，虎步前進之後，以猿舒展臂後退，虎
步練到向前的擺勁、掤勁，而猿舒則以後退的方式，則練
出擺勁與採勁。兩者一前一後，也剛好可以彌補熊經原地
打轉的不足。故將「虎步、熊經、猿舒」三式列為開勁課
程中的必學項目，是讓學者體會靜態與動態的陰陽相濟感
受，三式做的順暢後，便能達到王宗岳之太極拳釋名所要
求的「前進，後退，左顧，右盼，中定」的五種境界。

上圖為虎步示範式　　　　　上圖為猿舒示範式

手把手教授──纏絲、腳掌起落與親身試勁

　　另外在第一堂課程中，有些教學仍必須手把手親自
傳授的，非言語文字所能意會，這便是「纏絲勁、抽絲
勁」、「虎步腳掌的 1234 落點」、「猿舒後退腳掌的

1234 落點」、「如何意守根勁」、「試勁—定勁、聽勁」等項目。

　　纏絲勁如何在人體間遊走的分析，以及纏絲勁的發勁功效如何？這都必須是教授者要讓學習者親眼看到、並親身搭手試過，方能了解其功效與威力，無法在文字中一一描述出來。

　　而虎步與猿舒的腳掌是如何落下與提起，原則上就是如腳上之 1、2、3、4 順序落下，但每個人後天體質已經不同，需要作個人微調，以達到確實效果。落點的正確將直接關係到能否練到功力出來，是非常重要的關鍵。

　　要感受到的是腳底 1234 點的貼放變化，而不是只有前後 1、2 點，或者前面 1、2 點後面 3 點的話，會有點數的差異，其原因乃在於習練者有沒有感受到纏絲勁的差別，若感覺是少於四點，則是腳掌只有提放、踩蹬兩種功能而已，少了左右搓揉的變化，若有了搓揉則可以明確感受腳掌 1234 點的貼放變化。

　　而又如何意守根勁？

　　由於每個人體質先天上都有些差異，需作微調，更是無法以文字對描述出來。最後在試勁練習上，由於必須讓學習者感受有勁與無勁之不同之處，教授者更是必須要親自接勁讓學習者推發，讓學者體感到有勁時是如何！沒勁時又是如何！更是文字無法描述。

　　以上都應在第一堂的課程當中，手把手的教授項目，通過以上這些的訓練與練習之後。學習者再勤加練習之後，通常會在未來的一個月內感受到開勁的狂喜。

開勁狂喜九個月

以筆者親身經驗而言，開勁的狂喜心情持續了將近九個月時間，狂喜的心情才慢慢平復下來，在這九個月當中，每天起來都是非常高興的心情，因為終於在學習太極拳十八年後能真真實實的抓到了勁，要勁來，招之即來；不會像以前一樣，在睡了一覺之後，就突然忘記遍尋不著。而且在這九個月當中，每個月都可以明顯感受到自己的「內勁」在進步增強並且持續進化，如同由鐵煉成鋼一般，正因為如此，這才能持續狂喜九個月之久而不消。

築　基

　　第一堂課是找勁，假設我們在第一堂課程中已經找到「勁」，找到勁之後便可以前往第二堂課築基邁進，但是倘若還尚未找到「勁」，則表示在第一堂課中有了某些障礙，還未真正突破，這時就必須回去第一課中重新找勁，千萬別貪多嚼不爛。

　　筆者所教授的學員中，有些人二個多月也未找到勁，所以，別太輕易跳過找勁過程。

　　「開勁」是一種資格考試，若考試未及格，自然無法結業，還需重修。也像是開採玉礦，要想找個玉石來雕成個玉器，總得要先能找到真正的玉石，這才能開始精雕細琢。而我們的璞玉，就是得先找「勁感」。

　　找到勁感之後，就要珍惜它，因為「勁」是內家夢寐以求的東西，學會勁之後，便可用一輩子。勁可輔佐力的不足，勁練到後來，勁甚至可以取代大部分的力，變成使勁不使力，而且勁可以隨著年齡增長與鍛鍊而進化，可從「根勁」「整勁」一直進化，最終練到「鬆沉勁」「凌空勁」階段，故勁是人體裡非常奇妙的東西。

　　找到勁之後，再來要做的事情，便是「築基」。要築基之前，學員得先不斷複習開勁的感覺，這是我在課堂上要求學員必須要做的事。

　　因為此時的勁感，還處於懵懵懂懂階段，若不常複習便會遺忘，若不常複習，則又會走回用力不用勁的階段。故不管是有勁還是暫時沒勁，所有學員在上新課堂之前，都要先重複練習開勁的動作。

縮小熊經 8 字幅度

　　練習開勁動作之後，再來要做的事情，便是要進化。如何進化呢？那便是縮小熊經 8 字幅度，從本書所附的影片中，可以看到筆者示範的標準熊經動作，這是筆者刻意把標準的熊經動作做的有些誇張，因為內涵的東西，唯有透過誇張的動作，才能顯現出來，可讓別人看清楚。到了熟練之後，便可以進化，此時便要把熊經 8 字幅度給縮小，把原本的大 8 字動作幅度，至少縮小一半以上，縮小之後的小 8 字，更能有效並快速的「運轉」，這有效的運轉便是更有效的陰陽相濟。

　　以後還會再縮小，縮小到同樣有感覺陰陽相濟之功即可。到最後，陰陽相濟要相濟於無形之中，這時候外形已經看不出來陰陽變化了，但內在仍有陰陽相濟，這便是從外圓進化至內圓。

　　在縮小 8 字的練習之中，同樣是要求腳掌以踩蹬搓揉的動作做配合。踩蹬搓揉這個動作，把兩個重要的關鍵同時都打通，這兩個重要關鍵便是「陰陽相濟」與「根勁」。

　　身體重心的移轉就如同下頁的太極圖一般，黑白兩點是腳踩的位置，黑白兩大區域則是重心的陰陽相濟轉移，熊經 8 字幅度縮小，就像是把太極圖縮小，圓圈愈轉愈小，動作則可愈加靈活。

馬步站樁的感覺

　　經過縮小 8 字練習之後，再來便要開始築基，所謂的勁之築基，就如同建築物都要先從地基開挖一般。勁的築基，要從腳步紮起。此時會要求學員站個「馬步站樁」，馬步站樁是外家武術練武時的第一步驟，以往師傅教徒弟，一入門便先站樁，一站樁就先要站半個小時，持續個半年。但是，此時並不是要求學員站樁半年，否則就成了外家拳，不是太極拳了。

　　此時要做一下馬步站樁，是要感覺站樁時的穩定度，馬步站樁是人體最穩定的站樁法。但是由於「馬步站樁」兩腳都是丁字紮地，故步法同時是死的。

　　我們要求馬步站樁，是要其穩定度，卻捨其不靈活度，才是主要目的。要學員親身體驗到馬步站樁的穩定度，那種穩定度未來將是「定勁」的一小部分感覺。在體會到馬步站樁的感覺之後，我們就可以往下一課程邁進。

三角原理—站椿、與人搭手時的意念

記得我在懂勁一書中曾經談過三角原理，也就是我是兩角，對方是一角，我二角打對方一角，自然輕鬆愉快。我們在這裡也要訓練這三角原理，三角原理不管是站椿還是搭手時均會用到。

在站椿時，我們先從馬步椿漸漸起身，恢復成一般開腳站姿，這開腳站姿就像一個「A」字形，而這「A」字形此時的三角便是，兩腳是兩角，第三角則是頭部，第三角是虛擬向上的。要感受到是由兩角向上夾向第三角的堅實感，若一時沒辦法做到，感覺兩角夾向腰胯部也可以，可稱之為小A，我稱此形為「單片三角型」。

上圖是單片三角型，型態上像個「A」字。大A是整個身體，小A則是兩腿至腰跨之間。

從單片三角型到厚片三角型，
最後到地面三角型

　　單片三角型成形之後，我們便要向厚片三角型邁進。與單片三角型不同之處，在於厚片三角型一腳要向前踏出一小步，由於一腳已經向前踏出一步，這時候的三角型也需要跟著改變。怎麼改變？就是把三角型設定一隻腳為一角，我們邁步之後，便先有二角，然後第三角則要虛擬設在兩角的夾角間；若一時無法感覺，可以自己的一手（通常是與後腳同邊之手）指向該點，也可以兩手指向，兩手指向穩定度會較佳，這便是「厚片三角型」。

　　靜態的「厚片三角型」成型之後，再來我們便要走出動態的厚片三角型，兩腳持續的左右邁步向前，每踏出一步，就重新界定第三虛擬點的位置，通常第三虛擬點的位置會跟著腳的前進而左右移動，這虛擬點未來將是發勁時的聚焦點。而左右腳的邁步向前則是陰陽轉換，故在左右腳邁步之時，虛擬第三點要隨時跟著移動，而非邁步向前後才定位的，是腳邁出多少，虛擬點便移動多少。有點像是手機或者飛機上的陀螺儀，不管手機怎麼擺、飛機怎麼飛，陀螺儀永遠指向北方一般，第三點會隨著我們的移動而改變。我們的三角架構是一直維持不變的三角移動，這有點像是在一個圓裡面畫出數個三角，每個三角卻都仍包含在同個圓裡面，這個圓此時是擺在地面上的，故我稱之為「地面三角型」。

　　三角原理到此大致上完成，我們這時候便可以意會太

極的圓「其實就等於是由無數的三角形的三個點所構成的」，在太極的圓裡面有無限的三角。太極講究圓，其實等於在用的瞬間，是講究三角的。

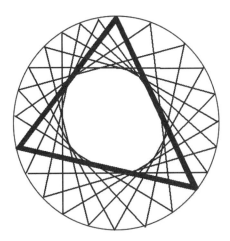

上圖是一個圓裡面有無限的三角形，三角形可隨著一點的移動，而與二個點的組合形成另一個三角形。眾多的三角點，便構成一個圓，而這圓還可以成為橢圓，甚至是立體的球形。

三角錐型─完美「勁架子」

築基這一課的主要目的，便是要把地面三角型給練熟習，一旦練熟習地面三角型之後，一搭手便可以立刻產生三角應手的慣性；而且在發勁的瞬間，往往虛擬三角點，

剛好都是打在搭手對方的虛點上，我二實對上對手的一虛，對手自然被我發出。但是對方的虛點，往往不是落在地面上的，除了會左右挪移之外，更會上下騰挪。故我們的三角原理，還需進化到立體版，也就是把地面三角再重新從地面上拉起來，但非原來的單片三角型，而是形成一個立體的三角錐型，這個三角錐型便是我們後面課程會說到的「完美勁架子」的雛型。

有了雛型之後，再來便是要強化它；而要做到強壯的「完美勁架子」之前，這時要先向下紮根，先把根勁給練起來，就像堅固的大樓要有堅固的地基是同樣道理。這堂課為築基，就是要築好太極拳的地基。在單片三角型的兩角夾點，一開始是落在頭部或在腰跨之間，這時候會要求

上二圖是厚片三角型與勁架子的示範式，勁架子是一切勁的根本，是非常重要的「懂勁式」

學員慢慢把第三點重心感覺，壓回到雙腳掌，這壓回重心的過程，也就是在練習「鬆感」。

等到夠鬆之後，再往前跨一步，重心便會全落在兩腳掌之上，這時便可以構成兩角夾一虛擬角的地面三角型結構。而當左右腳交互前進時，要同時感受到勁架子在轉移時並沒有虛點產生，一旦出現虛點，便會在移動時被對方趁虛推倒。

消除空虛點

想要在移動時沒有空虛點，做法是轉腳掌生根勁。當左腳掌前進之時，腳掌一離地，左腳便是斷根，但在這時候，若已經先把陽腳（實腳）過渡到右腳，則身體不會有斷根感覺，這也就是單重之感。而當左腳掌腳跟在落地瞬間，便形成陰陽相濟之始，左腳掌一落地便同時稍微轉左，而在同一時間右腳腳掌由於已是陽腳，已在先前先轉右腳掌生根，自然成為輔佐左腳前進，成為陰陽相濟持續輸出勁源，不斷根的支撐。

而當右腳前進之時，則同樣腳跟稍微向右轉動，未動的左腳掌，腳跟也同樣已經先稍微左轉成為陽腳（實腳），兩腳互為漸進式的輔助，故曰「陰陽相濟」。這「相濟」一辭用的很妙，既不是交換，也不是不換，而是「飽滿漸進式」的轉移，如同沙漏一端漸進流向另一端一般。

這樣的左右轉腳掌，便會很自然的產生筆者所謂的

「踩蹬搓揉」與腳掌落點的「1234」順序，若非如此感覺，表示對於陰陽相濟的體悟還不夠深入。有了踩蹬搓揉之後，根勁會隨時自然粘著你跟著你走，不容易被人趁虛而入，也少有虛點，行進間就算被人推到點與點之間的間隙（虛點），也能及時在下個點中找到支撐而站穩腳步；就如同眾多齒輪組合好後旋轉，若以外力推擠前面齒輪，也只能讓前面的齒輪快點前進到下一個齒輪中卡住而已，想要推動整組齒輪，則難矣。

完美的勁架子型態會包括「鬆身、頂頭懸、含胸拔背、沉肩墜肘、落跨、膝微彎、盤根勁」等七項要求。這七項要求做得愈整齊，勁的傳導會愈乾脆，哪項做的不好，勁的傳導便會卡在那裡，成為「滯勁」，一旦成「滯勁」勁便無法運用自如。

硬要應用就容易變成「短勁」，勁若滯則自己對別人便會成抗，一抗也就無法做到《打手歌》當中的「不丟頂」中的不頂的境界。

若頂了則容易被對手推發去！所以，對於完美勁架子的七項要求，會要求學員一直把它練成一種直覺反應，要練到一遇到狀況，不加思索的瞬間，便可以做出完美的勁架子出來。因為勁架子不但可以攻擊，也可以防守，不但可以發勁，也可以接勁、化勁。

而且在持續鍛鍊勁架子之後，完美的勁架子還可以大幅改變其外型，讓外表上看似已非以上七項要求標準，但卻可以在身體內部中仍建構出「完美的勁架子」，如同外圓變成內圓，又如同大Ａ與小Ａ一般；或者在真的不處

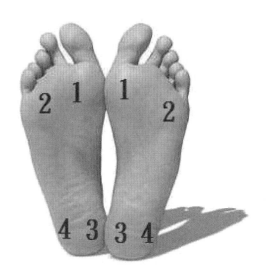

　　上圖是在《懂勁》一書中曾揭露過的腳底區域劃分圖，這圖後來引起很多內家高手的迴響，因為這圖正揭露出內家拳的祕境所在。

於完美勁架子時，遇到狀況可以瞬間凝聚內勁，成為完美勁架子以備應用。

　　這堂築基課程中，最主要是從單片三角型進化到厚片三角型，再從厚片三角型進化到立體三角錐，再從三角錐進化到完美勁架子，而要做到完美勁架子則要「鬆身、頂頭懸、含胸拔背、沉肩墜肘、落跨、膝微彎、盤根勁」等七項要求。

　　七項要求若能做全，別人一與你搭手推你，就會感覺你的手猶如千斤之重，楊露禪、楊澄甫、鄭曼青等大師以

往抬手一搭別人肩上，對方就猶如感到千斤之重，就是因為這完美勁架子已進化到內部，甚至無形之中。

故看似手輕輕一搭肩，大師的身形仍是完美的勁架子，擺在對方肩上的，不僅僅是一隻手的重量而已，也不僅僅是整個身體的重量而已，而是連接到「借地之力」的勁源上，這才會讓對方感覺猶如千斤之重。

找　勁

尋找長勁

在第一堂課程中若能實在的習練「開勁」動作，應該能體會到腳掌皮與腳掌骨之間的搓揉粘合，進而產生強大的纏絲勁旋轉上至腰胯之感。當一腳可以感受到纏絲勁之後，再練習兩腳同時感受纏絲勁，經左右腳都能感覺到纏絲勁上到腰垮之後，便可形成第二堂課程中所說的初期築基之感。

經過第二堂課程的築基訓練，從單片三角型到厚片三角型，最後把三角型放到地面，形成地面三角型訓練之後，應該算是能達到築基的基本要求。

地面三角型還要把它拉升上來築成三角錐型，也就等於有了基本的「勁架子」，而完美「勁架子」型態是要做到鬆身、頂頭懸、含胸拔背、沉肩墜肘、落跨、膝微彎、盤根勁等七項要求。我們的第三課程，便是在一、二課的基礎上，再做出加強訓練，課程名稱為「找勁」。

我們要知道，開勁不等於找到勁，開勁只是讓身體能夠讓勁存在，此時的勁會忽有忽無，往往一忽略，勁就跑掉消失了，甚至終身不再出現；故我們要築基，築個窩，建個基地，讓勁能夠在身體長駐。而當開勁、築基這兩項都具備之後，也就是等於「勁架子」完成，勁架子完成後，我們便要往身體內部去找勁，去填滿這勁架子。

我們要去找的勁乃是「長勁」，身體是有許許多多的勁存在，大多是單一性的肌腱（筋韌）附屬在肌肉（力）

的兩旁，以傳導力的伸縮作用，筆者在《懂勁》中說過「勁者筋（肌腱）之伸縮、力者肌肉之收縮是也」。以解剖學而言，也就是「筋韌」生長在肌肉兩端連接骨頭，當肌肉收縮時，筋韌跟著收縮輔助肌肉力，我們稱此為「短勁」，短勁是負責傳導肌肉給骨架的彈性力。

　　但我們這時候要找的勁，並不是這種勁，而是「長勁」，人體最長的長勁是從人的腳掌至手掌之間，等於是人體長度能夠延伸的最長距離。

　　當然，人沒有這麼長的骨頭，故長勁是要組合其中的短勁，利用瞬間的結合，讓各短勁各司其職，並且連接其他短勁，成為一串長勁，也如同我們在瞬間，有一根從腳到手這麼長的骨頭。

　　縱使長勁不是每次使用都如此長，但較短的長勁，起碼要有人體半個身體的長度，才能稱之為長勁，也就是能夠從腳掌延伸到腰跨或丹田（核心肌群）上，這長勁從接腳掌連接至腰跨丹田，起碼能連接人體這兩端的主要勁源之後，方可以稱之為「長勁」。

　　或許，有人會問，如果是從手掌連接至丹田的勁，能不能稱之為長勁？

　　答案為「不是」，因為長勁還需有一項特性，那就是借地之力，若無法借地之力，就等於少了根基，少了根基的勁，一出勁別人未動，自己反而先動了，是推不動別人的，自然不能稱之為「長勁」。除非，當時此人是倒立著發勁，把手當腳借到地之力，或許這可以稱之為「變形的長勁」。不過，至今尚未看見有人使用這樣的發勁法，或

許，後人有聰慧者可以做此演繹，那應該會是很有趣的一項表演。

一落地便生根三尺

當我們練到「勁架子」之後，本身的根一定還要往下延伸，不可只停留在腳盤上，因為腳盤的勁無法與丹田勁強度相比擬，兩端強度不同，無法產生對等的衝擊力；而要強化腳盤根勁的強度，唯有往下延伸，方能達到與丹田勁相互呼應的地步。

要根勁能與丹田勁強度相呼應，便要練到「一落地便生根三尺」境界，腳掌能夠一落地後，便猶如生根三尺一般的穩定，能如此穩定，便達到我們後面會談到的太極獨特勁——「定勁」的境界。

「定勁」是練太極拳者最快練出的長勁，也是太極拳在所有拳法中最獨特的勁法，因為定勁只需要半身長的距離即可練成，至於上半身則以鬆身應對。要能有定勁，一定要能腳一落地便生根三尺。想一落地便生根三尺，便要時時刻刻感受腳一落地便纏絲圍繞，陳長興之孫字輩陳鑫便在其太極拳發蒙纏絲勁論說過：

「太極拳，纏法也。纏法如螺絲形運於肌膚之上，平時運動恒用此勁，故與人交手，自然此勁行乎肌膚之上，而不自知，非久於其道不能也。其法有：進纏，退纏；左纏，右纏，上纏，下纏；裏纏，外纏；順纏，逆纏；大纏，小纏。」

　　可見太極拳的基礎便是建築在纏絲之上，而且腳底的纏絲更是纏絲勁的發跡處，是基本功中之基本功，就如同蹲馬步是外家拳的基本功一般。

意守根勁

　　在第三課程當中，做的時間會比理論說明上要多得多，原因便在於理論說明已經在一、二堂課程中交代過了，在第三堂課程中，會要求學員在練拳走架時，時時刻刻注意腳底的纏絲感覺，也就是做到「意守根勁」的地步。何謂「意守根勁」？便是走架練功時，意念時時刻刻要集中放在腳掌的變化上。

　　當學員可以把意念集中在腳掌上時，此時便要與老師「對推」，好感受當勁來時，自己腳掌上的踩蹬搓揉等變化是如何應對對方的來勁。

　　對推是不同於一般推手的走化，此時學生還沒有完美的勁架子，若硬要搭手互推來做「推手」走化、發勁的話，習練者會為了遷就化解支撐他人之力，自己的勁架子的「形」便因此走樣。勁架子一走樣，勁架子便坍塌而不知，若勁架子長期坍塌，就如同蓋一棟大樓，而大樓蓋的歪斜而不知，等大樓蓋好了，卻也不能住人了。

　　所以，太早去與他人推手，是不對的訓練方法，容易讓勁架子坍塌而不知，以後縱使訓練再好，往後的勁也必定傳導不順，絕對無法成為內家拳高手，只能練就一身老牛勁，看似粗壯，卻是無根。

故在此時，絕對不宜直接去與他人練推手，這是目前一般太極拳教學的致命傷。一般太極拳教學，在教過拳架之後，便開始教推手，雙方推來推去好不利害。殊不知，這樣訓練只會練出錯誤的應對姿勢出來，練不出正確的勁出來，練出只利用上半身柔化的老牛勁而已。這種推手，就如同大樹幼苗在開始發芽後，便被外力給亂塑型，樹身被鐵線纏繞，最後樹枝只能順著鐵線彎曲生長，終究只成為彎彎曲曲長不大的盆栽而已。

筆者的課程中，此時的對推是要學員感受，勁的傳導與腳掌的相對反應，故此時的對推只能是「訓練根勁」式的推，而非交手型的互相推手。

其做法是，雙方直接手把一手搭在對方的丹田上，因為丹田在人之中心處，也是人的重心之處，人若被他人掌握在此，是最容易被推開的。然而訓練根勁時，卻偏偏要選這個位置上推，因為若沒有根勁，這裡當然是最容易被推開之處，但有了根勁之後，重心便自然往下移，這裡看是人體重心，卻已不再是人體重心。

再加上，從丹田傳導至腳掌，只需要經過骨盆、腿骨、腳掌等骨頭，而少掉脊椎、肩胛骨、手骨等骨頭傳導。勁架子較不易便形，不會練出老牛勁，另外，手推的位置又有人體的核心肌群支撐與保護。由於雙方都是可以盡自己最大力量去推，故有時候骨架連結太多，反而容易變形受傷。但核心肌群處都是肌肉肌腱組成，是人體最強健的肌肉群，推在此處，若不以打擊方式便不容易受傷，故此處是最適合練習對推。

　　而推人與被推時的感覺與應對，則要口授心傳，由於每個人身材高矮胖瘦不一，根勁長短不一，力量大小不一，無法統一用文字言語統一一個模式解釋。在雙方互對推時，老師與學生是處於平等地位，兩人都是搭手在對方丹田之上，根勁的實力會立刻顯露出來，通常沒有根勁實力的老師，是絕對不肯讓他人推他身體重心處的，否則，對方若是蠻力大些，一下子自己便會被推開了，完全無法招架。這時候老師的顏面就會盡失，故這也是直接驗證老師根勁實力的時候。

　　以一般學員而言，筆者可以做到任由學員自由的推，怎麼推都可以悠然自在的對應，絲毫不抗，還可以談笑風生，但對方就是無法真的讓我退後一點。甚至，當筆者讓出一隻腳，只用一腳站立，學員也無法把我推開；而我只需輕輕鬆柔一推，對方無不應聲而倒，這便是有根勁與無根勁的差異所在。

　　若以學員而言，學員的感覺會不一，有的人會感覺自己出不了力，有的人則可以盡力推，卻推不動，另有的人感覺自己明明在推人，卻感覺是推在一顆滑石上滑不溜丟的，一推自己好像快要飛出去一般。會有以上這些反應，便是學員本身的根勁大小長短各自不同所致。

　　此時只要練到，能真推到，但感覺是推不動，便成功了。這是因為學員目前的根勁功力，尚不足以撼動老師的關係，若以例子而言，就如同初嫩的幼苗當然推不動大樹。學員推不動老師並非問題所在，只要感覺能真推到，但是推不動，這便算及格。

有之無勝無之無

　　太極拳不像外家拳愈剛猛愈強，太極反而是處處求柔、處處求輕靈，講究「沾連黏隨、不丟不頂」，故我們可以說太極拳是「求無」的拳。太極首重輕靈，何謂輕靈，就是接近無的境界。練拳能練到接近無的境界，就已經是非常了不得，若真的達到無的境界，那麼便可以擺桌請客大肆慶祝一番了，因為已經達「神明」境界。所以，我們應要知道能真正達到無的境界，是非常困難的，可說是百萬中無一，並非每個人都要能觸及到無的世界，才算練到太極。

　　但是一般坊間、公園間的太極拳，好像每個人都能輕易達到無與輕靈的境界。老師與學生都輕飄飄的「無」了起來，不管是資深的，還是初學的，每個人都不從根基紮起，一下子就自我提升，直接進階到無的境界，每個人形態都輕柔之極，樣子煞是輕柔好看，但真正一交手起來，卻大多不堪一「推」，連不堪一擊都談不上。

　　許多來試勁的求教者，若是學過太極拳，筆者都會問他們一個問題，你的老師有教你自由推手嗎？有和你自由對推過嗎？大多求教者都只搖搖頭。通常一般教拳者，大不了只是教這招怎麼用、這招怎麼化而已，屬於靜態上的招式教學，好一點的則是「制式推手」，在一定的公式之下，雙方練練彼此的柔軟度，很少能有老師敢放下身段與學生自由對推、任由對方剛猛發勁的。

　　為何會如此呢？自然是「上下交相無」，上位者若無勁，自然沒有把握能贏下位者，故不敢與下位者真正搭手對推以勁化力。若要推手也往往僅限於一定模式的推手，還常常千交代萬交代「太極就是不能用力，不能抗，一抗一用力就錯，就不是太極了，所以，不能用力。」但是若是對方縱使是錯的，對方用力推用力抗，自己卻撐不住、吃不下、化不了，反而落入下風，受制於人。

　　那麼，太極的功力到底在哪裡呢？楊露禪與人交手也是如此嗎？當然不是。若用力是錯的，對方用力自己卻撐不住，這到底誰才是對、誰是錯的呢？

　　筆者自從寫了《懂勁》一書以來，一向歡迎同好前來試勁，從不怯戰也不拒戰，武學同好自然沒有什麼內家、外家之分，只要是誠心試勁者，莫不讓人試個夠，試到滿意為止。求教試勁者一來，一定會被筆者主動要求雙方先搭手試勁，一搭手後，等於聽到勁了，自然知曉對方有沒有勁，勁道之大小，勁由何處發，一切皆可在與對方搭手瞬間一目了然。

　　若對方是外家拳者，此時可能還不清楚彼此實力，再來，筆者便會主動要求讓求教者自由用力推我，迄今任由對方推發，尚未出現能讓我後退一步之事。因為真正的太極拳是可以任由他人來測試的，而不是光只能讓別人看拳架優美而已。若真的只要求拳架優美，那麼太極拳與舞蹈又有什麼差別呢？

　　清朝時楊露禪即有「楊無敵」的稱號，其子楊班侯亦繼承「楊無敵」封號，父子兩人在當時清朝北京幾十年之

69

內無人能出其右者。求教者、踢館者大有人在，卻未曾見
到敗績。

可見練太極還是需從練勁開始，真正有勁之後，人才
會有信心，等到勁練到飽滿之後，便自然會慢慢往輕靈、
虛無中去發展，這時候的無，就是有之無，而非無之無。
這也可比喻成像富人與窮人，兩人一樣去花錢買個便宜
貨，兩者態度與神韻卻截然不同，富者可買便宜貨，亦可
買高檔貨，但是窮人卻僅能買便宜貨，彼此高低立判。這
就是有之無勝於無之無之處，勉勵習者內家拳都要從根勁
出發練起，練好了根勁，然後練長勁，練好長勁，再練到
整勁，之後便會自然會往練輕靈虛無之境邁進，這時候的
境界，便是可以有，也可以無。

養勁、練勁

養勁—運勁十步走出陰陽相濟之感

勁不養而逕發，猶如坐吃而山空。為何太極拳架皆以緩和鬆沉為主，旨乃在於養勁，雖陳式太極拳架偶有發勁之式，不過，也是屬於極少數之招式。而在楊澄甫所傳之楊式太極拳中，更無一招是快速發勁之式，鄭子太極三十七式也無一招是強力發勁，從第一式到最後一式都是鬆沉柔緩的養勁。這是太極先賢們悟出的一個道理，那就是「勁不養而逕發，如坐吃而山空」。

在外家拳中，一式必有一發力，或摔或抓、或擋或擊、或拳或腿，招招要見肉，式式要見血，煞是威猛。不過，若以太極的陰陽道理來看，這樣的操練，猶如賺少花多，毫無積蓄可言。這樣的功法練下去，所憑恃的乃是人體肌肉的堅韌性，三年五載或許還可以承受，年輕時的肌肉更是「破壞就是建設」，但是一旦身體修復性減弱了，則恐在少年時就會累積傷害，而到老年則恐苦於散功之痛，終身病痛纏身，比不練武的人還痛苦萬分。太極先賢們在洞悉這種狀況之後，便知養勁、蓄勁的重要性，更勝於一時的拳腳威力。

在前三堂課程中已經把找勁的方法明確說明了，確實依照建議者應該在通過明師印證之後，便可以自己找到勁。之後的首要任務，便是要培養勁。至於要如何培養呢？要先從加強感覺做起，首先要把對勁的感覺給持續強化，要時時刻刻都能感受到勁，我們第四堂課便來介紹，

一種筆者訓練學員培養勁的模式──「運勁十步」。

「運勁十步」：是走向前上十步的單練式，以左右「提手上式」為主式，哪邊腳在前，哪邊手便在前，而在這十步中，每一步的前腳與後腳重量比重都要各有不同，把重量分為十等分，每一步分別加重一分，故這運勁十步的前後腳重量比分配分別是從 0：10、1：9、2：8、3：7…8：2、9：1、10：0。

練習時要去感受這十步前後比重之不同，並且還要感覺每邁一步，內勁仍都要在身上。為何要如此做？因為我們所講究的陰陽轉換是「相濟性」的，也就是漸進式、沒有斷點的，非一步便把陰陽從 0 與 1 交換過來。故要學員練習這運勁十步，每一步只允許多一分重，真實的一步感受，要分十步才能走完陰陽轉換。以後這便是未來勁在左右轉換時，只是一步的確實感受，一步便有十等份的重量變化。做的愈確實者，愈能體會勁的不間斷感，以後縱使一步便陰陽相濟，其功力也等同十步一般的紮實。

練勁──單練式勝於拳套

走順了運勁十步之後，便可以開始練習單練式，單練式就是把拳架中能直接感受長勁傳導的式子拿出來單獨練習。打拳架的好處是，打完一整套拳每個式子都做到了，全身勁也都運動到了。但其壞處是，只是全身勁都運動到了，而早期階段該加強勁源產生的動作，卻也簡單地帶過去了，並未特別強化到。就如同孩童學國語，一開始便朗

誦三字經、百家姓、千字文，雖然看似煞有其事，但若未從基礎的注音符號、簡易的文字開始學起，未來可能連提筆寫作都會有困難。打拳也是一樣，未加強鍛鍊基礎式，含糊帶過，基礎終究不穩。故筆者在第四堂課中，會要求學員訓練自己該加強的基礎勁傳導動作，以便身體能熟悉勁的傳導。

這便是單練式要單獨練習的理由，單練式的影片也一併附在本書所附之光碟影片當中，讀者可自行參考。影片中所附錄的單練式，是以單式發勁為主，初期練習時，不以發勁為主，而是以純練勁為主，故應該打的較舒緩一些，要感受自己的根勁透過這些單練式從腳掌傳導至手上。建議的速度，也就是以正常的太極拳速度練習即可，而等到熟練這些式子之後，未來再慢慢加快自己的出勁的速度。縱使以後出拳速度更快，仍要維持勁能傳導的感受。否則，一昧求快而忽略了勁的傳導，就會變成有氣無力的招式了。

這些可單練之式包括：

掤、擠、按、搬攔錘、上步十字手，半步崩拳、如封似閉、迎面掌、掩手肱拳、雙翻掌、連珠砲、托顎掌、大悲掌等。

拳架需量身訂做

若論練全身勁最好的方式，無非是每天打拳架、走三十四式拳架，建議每天能十遍以上。當拳架三十四式的每

一式都熟練之後，拳的形式已經不再重要了；重要是走拳時意念的存放，有些人打拳架只是肉體在打拳，心思早飛到其他事情上去，如此便會事倍功半，進步速度緩慢，甚至不會進步。熟練拳架之後，拳的形式已不重要，這時候重要的是感受內身勁的行走路徑。每一式都要感受到勁是否從腳底走到手上的發勁處，若沒有則需檢討改良，直到根勁能串連全身，長勁走到之處，該處短勁即附加上去，一直走到身上發勁處，如手、肘、肩、臂等位置時，都已是整勁狀態。猶如長江發源於青藏高原，經過處共十省，每經一地皆納百匯而愈廣，終於在黃浦注入東海時，已是世界上數一數二之大江。

　　要做到每一式都能出勁，首先每一式的起步都要把意念守在勁的發源地——腳掌上，去感受勁的升起，這也就是筆者所謂的「意守根勁」，時時注意腳掌中的 1、2、3、4 點變化，時時注意一腳過渡到另一腳時的纏絲勁與抽絲勁的互用感。這樣一來，一趟拳便有一趟拳之功，功力在無形之中便會逐漸成形。

　　人不是機器，一出生就各自不同。在成長中，各自的發揮差異性也越來越大，有人手長、有人腳長，有人身體靈活，有人身體堅固，有人胖、有人瘦。而且隨著時間的推演，有人在某些地方受傷了，或許已成為永久性的傷害，而也有人特別加強自己某地方的機能，此時若統一模式來學同一套拳架，就會產生各自適應困難的問題。有些人腰骨硬了，彎不下，或有人太注重某些肌肉的鍛鍊，伸展反而不夠柔軟，此時若過於強求一制性，便會錯誤百

出，糾正不完。這也是很多太極大師徒子徒孫雖眾多，卻也只能出一、二位高徒。便是因為想用一套自己的學習模式去訂做一位與他一樣的徒弟出來，雖然教導認真，相同體質、相同心思的徒弟卻如大海撈針般困難。

故真正的太極明師是不會強求學生們的動作一律與自己一致性的，甚至打拳架的時間長短、型態、角度都不應該與自己一致。若是強求一致性，往往未得其利反受其害。

雖然不要求一致性，但也不能太過於散漫，打拳任性而為，尤其更不能背離核心思想，有些鐵律般的原則還是必須貫徹執行，如「腳底踩蹬搓揉」、「勁架子」、「意守根勁」、「鬆身」、「整勁」、「借地之力」等原則是絕對不能變的。子曰：「大德不踰矩，小德出入可也。」此句不只可用在品德上，也是學習拳架的適當要求。

長勁須能微笑

三十四式的招式所要鍛鍊的內勁，都是長勁。要確認自己的勁是不是長勁，其實有個很簡單的辨別方式，那便是「長勁須能微笑」。使勁地發長勁之時，發勁之人是可以面帶微笑的，但若是發的是短勁則無法如此。一般發勁發力皆須齒牙合併，方能用到身體肌肉的收縮力，外貌上就如同咬牙切齒一般。縱使沒有咬牙切齒的猙獰狀，也無法面帶微笑。

然而長勁是借地之力，不用自己肌肉的伸縮力，只用

勁的旋轉伸縮，故發勁時用的是借地之力與陰陽相濟之
勁。由於不使拙力，故發勁時能面帶微笑，也可輕易的把
人發出，甚至打飛起來。筆者常與來試勁者搭手試勁，對
方推我時蠻力大發，滿身大汗，而我則面帶微笑從容接
勁，這是因為我借地之力，自己不用出多少力，只需把對
方來力順暢地導引入地上，由大地去對付即可。這時對方
推到的是地面，故往往怎麼推也推不動，若對方還要強
推，則筆者便借地之力予以反擊，往往對方便被拔根而
起，筆者仍是微笑面對。

　　故要分辨自己是不是使用的是長勁，就只需看自己在
接勁與發勁時，能否面帶微笑，能面帶微笑者便是長勁，
不能面帶微笑，甚至咬牙切齒者，那便是用短勁、用力而
已。若是發的是短勁，便要立刻找出錯誤原因，不可含糊
了事，否則到後來會一事無成，甚至渾身內傷。

雙重之病未悟耳

　　詳讀過王宗岳《太極拳論》者都會知道，太極拳論作
者王宗岳曾在拳論上大斥雙重、並力推單重的重要性，故
單重的觀念在太極拳術中，有著非常重要的地位。王宗岳
在《拳論》中曾說：「立如枰準，活似車輪。偏沉則隨，
雙重則滯。每見數年純功，不能運化者，率皆自為人制，
雙重之病未悟耳。」又說：「欲避此病，須知陰陽。黏即
是走，走即是黏。陰不離陽，陽不離陰，陰陽相濟，方為
懂勁。」

　　在《拳論》中所指的雙重，通常一般人會認為是以左右雙重為主，於是要革除雙重的陰陽變化，則會以左右變化為主，王宗岳在《拳論》中也提到要做到的打手境界是「左重則左虛，右重則右杳。」

　　但若要應用在實際應手中，若僅以左右陰陽應對的話，是很難達到《拳論》中的理想境界。

　　何為故？因為僅有一種左右陰陽模式的變化往往容易被對方識破，進而被防範到，這就如同打棒球，若有一位投手只靠一種犀利的球路，便想通吃所有打擊者，是很困難的事情。這又像籃球選手，若每次投籃只會擦板上籃，一、兩次之後，便會被對手識破，下次想要再上籃擦板時，必定會有人先卡位，讓你無法如意投籃。

　　拳路也是一樣，若每次推手都左重則左虛，右重則右杳，容易被對方給防範到，下次他就來個左右一樣重，看你怎麼應對？此時若還只偏重左右的秤重，又怎能出神入化呢？

　　一般習者一旦實行左右陰陽變化不夠理想後，往往只會認為自己不夠努力在左右的陰陽變化，故大多數人會不斷地加強左右陰陽變化的敏感度。卻不知王宗岳的本意並非如此，王宗岳另外在打手歌中，已經提出解決方案，只是大多數人都沒有注意到而已，他的打手歌上說：

　　掤攦擠按須認真，上下相隨人難進。

　　任他巨力來打我，牽動四兩撥千斤。

　　引進落空合即出，沾連黏隨不丟頂。

　　打手歌上的第二句就已經把以上問題給解決了，他說

「上下相隨人難進」，原來要做到人難進，就要上下相隨。也就是說除了要做到左重則左虛，右重則右杳之外，還要加上「上下相隨」，有了「左重則左虛，右重則右杳」，再配合「上下相隨」則他人實難進矣。

若把它做個整合性系統來分析，便可與只有左右虛實境界不同，可劃分成更為精緻的虛實，那便是「十字虛實」，用一個「十」字來劃分來勁，用「十」字來劃分出身體的「四大象限」更為妥當。因為對方來勁的重心只會落在「四大象限」之一處或二處，另外二、三大象限都可以當成接勁時的轉移處。這樣的上下左右變化，才是王宗岳的拳論精髓，而非僅有左右變化而已。我們在了解先賢們的用意時，須全盤認知，不可單解其隻字片語。

三十四式太極拳

在筆者前著《懂勁》當中，曾建議要練根勁之人可習練二十二式根勁太極拳。而在本書中我則把它增加至三十四式。由於在《懂勁》當中只針對根勁練習，二十二式已足矣。但若想練得能夠應手使用的太極拳，則需增加至三十四式方可周全。

三十四式也是以前後走架為主，距離仍不脫二十二式的範圍，等於是二十二式的升級版，多出來的十二式，多以掌拳腳攻擊為主，故習練三十四式整套拳架下來，便是有練勁、有練打，長練不但可以養身練勁亦可習武防身。此三十四式也是筆者正式傳授根勁太極拳時的標準拳架，

拳架的照片檔以及影片檔都已經隨書附錄在光碟當中，讀
者可參考筆者的拳風，其拳架內容如下：

　　起式、左掤、右掤、擺、擠、按、單鞭、採、挒、
肘、靠、提手上式、搬攔錘、右斜飛式、左斜飛式、摟膝
步（三式）、上步十字手、半步崩拳、抱虎歸山、如封似
閉、倒攆猴（三步）、半單鞭（三式）、左擺、美人照鏡、
右前靠、左前靠、右腰攔肘、左腰攔肘、右野馬分鬃、左
野馬分鬃、右迎面掌、左迎面掌、右掩手肱拳、左掩手肱
拳、右窩心腿、左窩心腿、雙翻掌（五式）、右連珠砲、
左連珠砲、托顎掌（三式）、右大悲掌、左大悲掌、右海
底翻花、左海底翻花、美人照鏡、收式，共三十四式。

　　其中右斜飛式、左斜飛式、摟膝步（三式）、倒攆
猴（三步）、半單鞭（三式）、右左前靠（二式）、右左
腰攔肘（二式）、右左窩心腿（二式）等皆算一式，起式
與收式不算在內，共三十四式。被選上的拳式皆是取其形
態動作優雅，並兼具符合拉根勁、收整勁、虛實轉化等之
功。

　　前二十二式，摘取了楊式、武式、螳螂、形意等拳套
的招式，目的是要習者把根勁練出來，以健身強體為主，
在意念上，以意守根勁為主，在型態上，則以邁步如貓形
為主。筆者已經在《懂勁》一書中，圖文並茂的介紹過，
在此不再贅述。二十二式扣除擺、挒、抱虎歸山、斜飛
式、半單邊三式外，其他式皆以掤勁為體，講究從根勁冉
冉上升的掤勁，是向前向上之勁，為兵法中正奇互用中的
「正」。

　　而抱虎歸山、斜飛式、半單邊，再加上後十二式「右前靠、左前靠、右腰攔肘、左腰攔肘、右野馬分鬃、左野馬分鬃、右迎面掌、左迎面掌、右掩手肱拳、左掩手肱拳、右窩心腿、左窩心腿、雙翻掌（五式）、右連珠砲、左連珠砲、托顎掌（三式）、右大悲掌、左大悲掌、右海底翻、左海底翻花、美人照鏡」等式則以實戰中應手為主，講究有了根勁之後的整勁發勁以及前後左右應用。在意念上以意守丹田為主，與二十二式的意守根勁略有不同，講究的是在第一時間點的快速應手，以接勁即發、有機會即發、主動出擊為主。

　　後一十二式在招式的前進步伐中，是以更能發揮整勁效應的步伐為主，故以整個腳掌著地之「虎步」為主要前進腳步，而非二十二式之邁步如貓形。其中向後的式子中也融合了「攦」與「採」的型式在裡面，如雙翻掌，是兵法中正奇互用中的「奇」。

　　所謂的兵不厭詐、用兵貴奇。如「雙翻掌」則是在實戰中以先前進而真後退的「採技」為用，可使對手措手不及，來不及應變，達到奇襲的效果。往往能在對應強者時，靠此撼動對方之根，達到守前不顧後，守後不顧前的逆轉效果。若真的採不動對手時，亦可順著後退之勢，製造出空間，反加以「按勁」或「大悲掌」等形的整勁之式向前發勁，等於前後搖撼對手，能讓對手顧後不顧前，無法前後兼顧。

以下是三十四式示範圖

起　式

左　掤　式　　　　　　右　掤　式

履　式　　　　　　　　擠　式

按　式　　　　　　　　單鞭式

採　式

捌　式　　　　　　　　肘　式

左右靠式

提手上式　　　　　　　搬攔錘式

右斜飛式　　　　　　　左斜飛式

摟膝拗步式

上步十字手式

半步崩拳式

抱虎歸山式

如封似閉式①

如封似閉式②

倒攆猴式①

倒攆猴式②

半單鞭三式

左攦式　　　　　　　　美人照鏡式

右前靠式　　　　　　　左前靠式

右腰攔肘式

左腰攔肘式

右野馬分鬃式

左野馬分鬃式

右迎面掌式　　　　　　左迎面掌式

右掩手肱拳式　　　　　　左掩手肱拳式

右窩心腿式

左窩心腿式

雙翻掌式

雙翻掌式

右連珠砲式

左連珠砲式

右托顎掌式

左托顎掌式

右大悲掌式

左大悲掌式

右海底翻花式

左海底翻花式

美人照鏡式

收 式

抱樹之功，其效奇佳

以上的養勁、練勁都是以單人單練，沒有任何輔助工具為主，若另外加入一些輔助工具，則更可達養勁奇效，就像拳擊有打沙包、跳繩，詠春有木人等工具輔助。兩人推手是太極拳獨創的輔助工具練習功法，比起只有單人打拳架而言，又更接近實戰。習者可透過推手練習，可以比單人拳架更準確地了解實戰時對方的動態與力道。不過，推手練習的最大困擾，則在於想要找到與自己實力相當，又能配合練習推手的對手，實在不易。

在沒有匹對的對手之下該怎麼辦呢？沒關係！詠春拳有木人可以補強訓練，太極拳師法自然，自然有萬物可以補強訓練；自然界之中，樹是活物而且有根有鬆，再加上公園到處樹木林立，故以樹為師，以樹為友的訓練於是生成。筆者創立的「抱樹」，便是一個很好的訓練抱勁的方法。根勁的發明，可說在根本上，便是以樹為師，故與樹搭手「抱樹」就是很好的養勁法。樹擁有強大堅固的根，能夠抵擋惡劣天氣的摧殘，如同太極拳能包含住對方的攻擊；所以，樹為太極拳最好的自然老師，把樹當成一個推手對手，便是一個絕妙的練勁法。

要如何抱呢？訓練者首先要找尋直徑大約碗公粗細的樹，以抱勁的姿勢與樹幹搭手，然後，就以抱勁徐徐地、一波一波地練習把勁從腳底導出，感受勁從腳掌透過腿、胯、腰、肩、臂注入樹幹中，這時若較柔軟的樹幹，便會

被自己的勁給推的晃動，而若是較直硬的樹幹則仍不為所動。

若能撼動樹幹，就要細心感受樹的反彈之力，每一反彈都還要以「定勁」去接勁，然後再借地之力反擊，樹又搖晃反擊，我們再沉勁接勁後再反擊，這樣彼此一波一波的攻防，要讓身體自動記憶這樣的感受，久而久之，搧樹的發勁便會成為自己身體發勁時的反射本能，唯一需注意的是，千萬別把樹給搧斷了，若感覺樹已經搖晃得太利害，要立刻停止，換上一株較粗的樹來搧。

而若遇到搧不晃動的樹，縱使用盡勁力去搧也推不動時，那更是絕佳的訓練。有時候我們就會遇到對方的根就是如此穩固之人，或者兩人體型相差甚多，他重我輕時，也會有這種感覺。這時只用自己的氣力推不動對方，就像推不晃的樹一樣。此時便要提升到訓練自己鬆身的功夫出來，由外放收斂成內含，鬆身要鬆到腰胯。而發勁仍如前面一般把勁從腳底導出，感受根勁透過腿、胯、腰、肩、臂注入樹幹中，但是唯一不同處就是勁只有一點即收，不可貪多，然後由於透過剛硬樹的直接反彈，自己上身吸收自己的反彈勁，並也沉勁接勁，把反彈勁向上化掉，再發勁、再沉勁接勁化勁，一氣呵成的訓練，可練出發勁反應的靈敏度。

搧樹練習完畢之後，我們應該抱持著恭敬之心，雙手好好抱著樹，對樹一鞠躬，感謝它對我們的幫助。稍微被我們搧晃動的樹，對樹生長看似不好，其實反而是更好之事，因為樹可以藉此外力，更激發樹加強根的生長，反而

會長成更強壯的大樹。就像愛護小孩子，有時候也需忍淚讓他吃苦，唯有透過吃苦，才能鍛鍊他未來更加成熟。

　　掤樹之功其效甚大，筆者為了分享讀者，也特別把掤樹的影片附錄在光碟上，另外，再加上單腳掤樹。掤樹的對象並非一定要樹不可！先可在戶外有了掤樹的感覺之後，以後在室內亦可以柱子、牆角等替代樹木，只是由於掤樹的效果奇佳，未來須注意力道拿捏，別真的把牆角給掤倒了。至於雙腳掤樹與單腳掤樹的差別，在於雙腳掤樹是練掤勁，而單腳掤樹則是練纏絲勁，兩者練法雖大同小異，但所要練的功法卻大不相同，在附錄的影片中，讀者可自行比較其差異。

上二圖是筆者以柱為樹，「掤樹」之左右手示範式。

　　以上三圖是單腳掤樹之連續圖，藉由身體的上下游動、螺旋上升，訓練單腳的纏絲發勁功力。

快速養勁法──以勁餵勁

　　除了捬樹應用到外物練勁之外，在我的教學經驗中，也同時體會到一點，若要讓學員自行體會勁的運用與流動感覺，是很困難的。不過，當學員已經有勁架子基礎之後，若透過外勁適當的給予相似的壓迫，讓學生身體自身產生相抗性，便可以很快地體會到自己身體內部勁的感覺，我稱此為「餵勁」。

　　餵勁很像氣功中的灌頂，透過氣功灌頂，可以把施者的氣功傳給受者，不過，灌頂是透過施者的氣在受者身上流通，並沒有引導出受者本身自己的氣出來，由於筆者對於灌頂了解不深，無法真正深究其真偽。

　　筆者所謂的「餵勁」卻是不同的意涵，透過施勁者紮實的傳導內勁到學習者身上，透過施者對勁的施放，讓學習者身體自動調整骨骼與筋韌的架構以相抗衡，當骨骼與筋的位置都擺正確了，學習者的身體也能夠產生抗衡性的勁出來，這便是餵勁的意涵。

　　不同氣功的灌頂，是讓施者的氣在對方身上游走，一旦氣盡了，功效也就沒了；餵勁卻恰好相反，雖然也是施勁於讓對方身上，但目的卻是讓對方身體產生結構性的調整，並且讓學習者的身體熟悉「勁感」，進而讓自身以後達到叫勁來，勁便來的順暢境界。

　　好的餵勁，不但可以很快地讓受者產生相抗性的勁出來，也還能讓受者自身上自行養勁出來。不過任何事情有

利就有弊，餵勁之法只能在施者與受者兩者同心、不能有衝擊之念上，受者才不會因此受傷，故以往師徒之傳承，都是以性命相見，我們若從餵勁的角度來看，實乃真確。

　　並且由於是以勁餵勁，故受者可以很快體會自己內勁上身的感覺，而且勁也可以很快應用得出來。但是，由於自己的勁是被餵出來的，就像填鴨式教育一樣，餵出來的勁非自己悟得而產生的，受者比較不能了解其中的來龍去脈變化，自己縱使已成了大內高手，以後也很難再教導下一位學習者懂勁，最多也只能以餵勁方式教導。

　　這也就是為何以往很多名師縱使自己功夫真的了得，但是其學生卻也很難望其項背，更何況想要青出於藍，更是鳳毛鱗爪。就是因為這位名師或許是世家出身，從小受到家庭長輩的餵勁，在不知不覺當中，自己的內勁已經非常了不起。不過，由於勁是餵出來的，勁的產生與應用，並非發自於本身的體悟鍛鍊。以後想要教導學生，縱使費盡心思，也只能事倍功半而已。

　　以勁餵勁雖有缺點，不過，若想要有速成的內勁，短期間不需傳授別人的話，「餵勁法」的確是一門很好的捷徑。只要施者願意施勁，受者也想快速得勁，餵勁法便是快速的練勁捷徑。如同武俠小說中，在數月之內就可以得到一甲子功力一般。

練 鬆

練鬆之前先懂鬆

太極拳練不好的人，大多是敗於對「鬆」的了解不夠透徹！又常以訛傳訛，以為鬆就是等於柔；殊不知，鬆的早期絕對不能等於柔，必須要等到了後期，才會慢慢與柔搭上邊，但是也不能全部等於柔，否則先賢們就直接把它稱為柔就好了，又何必曰「鬆」呢？

若一開始便把鬆當成柔，終究會把鬆給弄得模糊。何謂「鬆」？若鬆鬆垮垮就是鬆，輕輕柔柔就是鬆，那麼睡覺的人最鬆，但是睡覺的人卻不能打人；鬆垮、鬆柔若是鬆，那麼醉鬼最鬆，但醉鬼打人只是因為他豁出去了，心裡最鬆，故肆無忌憚的打起架來，可以不管別人和自己的死活。所以，每打一拳都是使盡蠻力打，力量雖大卻也毫無章法，也毫無精準度可言。一旦遇到高手要跟他較真了，反而一舉手就可以把他打個半死、摔個半活。因此，像醉鬼似的敞開了心胸來打，也不能稱之為鬆，只能稱之為不要命。

對於鬆的定義，筆者已經在《懂勁》一書中的「太極的鬆」、「鬆與硬之分」二篇中分析過了。由於鬆太重要了，所以，在本書中另開一堂課程專門再講鬆。若要筆者在本書中，再更精準地對「鬆」下定義的話，我們可以把鬆定義為「只要下比上堅固就是鬆」。君不見水草、樹木無法移動自己，卻可以讓天下至柔的水流過去，讓天下至鬆的風吹拂過去，讓天下至柔至鬆的東西穿過，自己卻不

會受其影響，豈不是比水、風更加鬆柔，這是因為草木它們有了下堅上鬆的結構。

　　我們看大樹雖然雄偉壯碩，但微風吹拂過，它的樹葉卻也能跟著搖擺，這表示樹木雖壯碩堅挺，卻依然有鬆柔靈敏的一面。若樹木如同人一般有知覺，當下也能知曉微風的吹拂，它的樹葉搖擺便是明證。也就是說，大樹因為該堅硬的地方夠堅硬，而該鬆柔的地方夠鬆柔，所以，不但能真實的感受到微風的吹拂，而且雖敏感鬆柔，卻也無懼於狂風暴雨的摧殘，因為它可以風過不留痕，雨打水滑下，所以它是鬆的。

　　人的鬆也是如此，人若完全堅硬，連一步也走不了，而人若完全鬆垮，同樣也是一步也走不了，一個是舉步維艱，一個則是一灘爛泥。故要人走的順，行的暢，就要鬆堅並具，鬆堅搭配合宜，一隻腳該邁步時，該腳便要適當堅挺，身形鬆柔兼具配合，一旦邁出步伐，腳掌落地了，則換另一腳堅挺，已經邁出的那隻腳，這時便適當放鬆，讓另一隻腳能堅挺的前進。道理就是這麼簡單，就是把握該鬆之時鬆，該堅之時堅而已。

　　人若少了上鬆下堅的站姿，一旦有大風刮起，便會被吹的東倒西歪，甚至飛起；而若遇到大水，人便會被水沖垮。風與水是天下至柔之物，風水推人不會讓人外表受傷，但卻可以把人一推連拔根起。可是樹木、水草卻可以在大風大水中安穩的紮根不動，繼續生長茁壯。正是因為它們有「上鬆下堅」的結構，所以能夠化得掉來勁，站得穩腳步，這才算是真「鬆」呀！

下比上堅就是鬆

　　筆者在《懂勁》一書中也曾說過：「別人看你鬆不是鬆，自己感覺鬆才是鬆」、「鬆是相對的」、「沒所謂鬆到無的境界」。而此時我們把鬆定義為「下比上堅」就是鬆，又更清楚的解釋了鬆的境界。鬆不是別人幫你認定的，是自己體悟與感覺出來的，故別人看你鬆，其實不是真鬆，自己感覺鬆才是鬆。而當我們身體下比上堅時，我們就可以感覺像大樹一般，既能堅實地經得起風雨摧殘，也能感受最輕柔的微風吹過。

　　由於鬆不是全然皆鬆，故它是有相對性的，那鬆又是相對於何物而言呢？若對於有對手而言，自己的鬆是相對於對方的緊，也就是說當自己與對方搭手，搭手瞬間比對方鬆，對方便是比自己緊，這就是鬆了。你鬆了你就不抗了，對方緊了對方就「頂」了，不抗對頂，自然優勢是在我們這邊。

　　但是，當只有單獨一人，鬆也是要有相對性的，例如自己一人打太極拳架時，這時要比的，就是無時無刻感受下盤比上盤堅固的狀態，不管你出拳攻擊也好，採扣攦帶也罷，都要一直維持下堅上鬆的狀態。再加上，陰陽分清楚，就是可以稱自己為鬆了。故我們也可以說陽為堅、陰為鬆，有陰就有陽，有鬆自然也會有堅，如同陰陽是相對存在的，鬆堅也是相對存在的。

　　這種鬆堅的感受，可應用於一人走拳架上，走拳架

時，若全身剛硬則如外家拳，若全身柔軟，則變成太極操，只有時刻維持在下堅上鬆的狀態，這才有了上下陰陽。再配合拳架走移時產生的前後左右陰陽，這才符合了太極不脫陰陽，太極處處有陰陽的境界，也就是我們在上堂課程中說的「十字虛實」的觀念。

　　或者有人要問，既然鬆與堅並具，才算具上下陰陽，那麼「上堅下鬆」又如何？筆者便可說，想上堅下鬆也並非不行，只要萬有引力法則是倒轉的情況之下，就可以把下堅上鬆，改為上堅下鬆了。但若萬有引力法則若真的倒轉了，我們大家也都飄離地球，不用練太極了。

應手之鬆　棉花裹鐵蛋

　　應手之鬆是為了要引進落空，是為自己製造進攻的空間；而拳架之鬆，則是為了練功與養身。兩者相對應的東西不同，自然鬆的方式也不同。

　　與他人應手的鬆，可以比喻成棉花裹鐵蛋，再裹一層鐵皮，就像車子的輪胎一樣，輪框是堅硬的，中間的輪胎是柔軟的，但是與接觸地面的胎面，卻也是軟中透堅的堅硬，甚至現在的輪胎橡膠裡面，還包藏著許多鋼圈鐵絲纏繞組合成的胎面。這樣的胎面走過尖銳的碎石子路，也能從容輾過而不會被割破胎面，這就如同太極拳棉花裹鐵蛋，外層再裹一層鐵皮一般。

　　當別人覺得你鬆的時候，卻也完全打不進去；當別人覺得你硬的時候，自己卻依然可以有彈性空間可以應用，

不至於會被別人借力使力去。也就是在應手時的鬆，除了下堅上鬆之外，在上鬆之內還要有堅，這便會讓推你的人感覺到鬆中透堅，推不動也推不開。

鬆中透堅變化才快

能鬆才能變化，能鬆才能快，任何拳法都講究鬆，而太極的鬆更是要有「鬆中透堅」、「上鬆下堅」的韌性，非僅僅只是一鬆一緊的打擊式的鬆，而是全面性的鬆堅合體。下一堂課程我們會講到「氣場」，也是需要練到本堂課中的「鬆」，有了鬆之後的氣場，才可以隨心所欲的變形。在《懂勁》一書中筆者曾論說：「有根才能鬆」。這便是鬆的最直接答案，故自己要知道自己是不是鬆，只要反推回去感覺，先感覺看看自己有沒有根，有了根之後自然能鬆，就像我們說的大樹一樣「有根才能鬆」。

在第五堂課程中，我們主要便是練鬆，課程的練鬆法，是把身體分成上下盤分開來鍛鍊，上盤求鬆，下盤則求堅，一開始會要求上下盤分割點位置是在腰胯之間，也就要從腳掌到腰胯之間都是要堅硬的，屬於下盤，而上盤是丹田以上的身體，這部分都要放鬆，但不是連舉手都不能的鬆，只是要對應下盤而言，較鬆軟一些即可。

等練到上下盤都能掌握鬆堅清分之後，再來的練習便是要逐漸地，要求把堅的位置往下移，如果能夠的話，要一直的往下移，最後移到理想的位置，便僅剩在腳掌之間。練到這時候，腳掌以上都算是上盤，都是要鬆的，而

下盤只剩下從腳底到腳掌之間的位置。

　　當全身都是鬆時，腳掌的堅則更是要相當的堅固，比堅到腰胯時還要更堅，這樣才能支撐住全身的鬆柔。就如同海裡的海帶一樣，長長的幾十公尺，從海底長到海面。海帶全身都是軟的、鬆的，但是在海底的根則是堅固的不得了，唯有如此，才能經起海水海浪的摧殘拍打，而且還能快速的成長。

　　據說海帶還是全世界生長最快的植物，一天可以生長半公尺的長度，平均可長至 30 ～ 80 公尺長度。

　　至於人的腳掌要如何堅實呢？自然是我們說過的一踏地便要生根三尺，不但要堅實，而且要快速的堅實。等於當腳掌一落地，腳掌與地面便立刻要產生「盤根錯節」的效果，猶如一落地便生根三尺，其方法就是練好能快速的「踩蹬搓揉」，唯有練順了「踩蹬搓揉」之功，才能打拳天天有進步，月月有長進。

　　以上講的是下盤的堅實，當我們把上盤練到幾乎包括全身時，身體全身便到處都是鬆柔，遇到外力來襲時，外力便會打的不實。對方打不實，而我們則可選擇化或發。要化則一路化到底，讓人如跌入五里霧中；而當要發時，要接勁傳導至腳底，靠下盤的踩蹬搓揉做出「借地之力」去反擊，這便是鬆的用法。

　　要發勁時，身體要做的是不與對方力量相對抗，而是相反地與對方力量方向一致，然後稍微修改其路徑，讓對方的來勁直接傳導至地面上去。此時肌肉要做到的是——不變化，不伸也不縮，若有伸縮則變成了「丟頂」，一縮

就是丟，一伸則是頂了，唯有肌肉不伸縮，才能做到「不丟頂」以維持勁架子的完整性。而且肌肉不動則用力最少，不用伸縮，只用勁的螺旋性去承接與還擊來勁，故「含胸拔背、沉肩墜肘」的勁架子動作，便是很適當人體的發勁動作。

我們也可說王宗岳之太極拳論中所說的：「捨己從人」其實本意便是要人練鬆之意。

練氣場

　　內勁既然已經練到鬆沉的境界了，太極拳也可說已成就一大半了。接下來的，便是繼續前進訓練其靈敏性。若從根勁階段一直訓練到靈敏階段都能成功，太極拳便不容易再退了，以後打拳只會再精進，不會輕易退步，縱使一段時間不打，也能在無形之中稍微進步一些。但太極拳若一直練不到靈敏階段，則會像一頭笨牛一樣橫衝直撞，盡使老牛勁，最後會搞得自己一堆內傷。

　　靈敏包括「動」的靈敏與「聽」的靈敏，動作若能靈敏則對方逃不掉；聽勁若能靈敏，則對方打不到，縱使打到也打不實。而要動作與聽勁都能靈敏，就已經非僅用眼力、聽力所能及，必須還要再加上「氣場」的感應配合，才能靈敏，最後才能往階及神明境界邁進。

　　有了氣場感應之後，才能真正練到所謂的「聽勁」。若少了氣場感應的配合，聽勁最多也只能做到「感勁」而已，聽勁之靈敏可說是全無。

　　在練好完美「勁架子」之七項要求與下堅上鬆的鬆沉後。當別人一碰到你，原則上便可以瞬間發勁，因為你已達到所謂的「沾手即發」階段。這是因為完美勁架子已是發勁初期最理想狀態，可以沾手即發。但在通常的推手或交手裡，除非雙方功力高低懸殊，否則，對方一定會設法來破壞你的勁架子，讓你少有沾手即發的機會。

　　而要克服對手破壞的狀態，我們便要以擴大感應範圍來因應，如何擴大感應範圍呢？便是以練「氣場」來應對，練出了氣場，便可以把雙方的距離拉開，但是我們依然可以聽得到對方的勁。有了氣場之後，對方一進入我們

的氣場範圍，我們便已是進入類似搭手聽勁狀態，故以氣場來聽勁，才是最佳的聽勁策略。

人人天生俱氣場，不假外求

何謂氣場？氣場不同於所謂的「氣功」，也不是以調節呼吸作為操作。雖然發勁時若配合呼吸，勁力可增加一～二成，外家稱此為硬打硬抗的硬氣功。但若以呼吸作為調節氣場的方法，則會落於過慢而不夠靈敏。因為一般人在正常狀態下，一分鐘約呼吸 15 ～ 16 次，縱使跑步也就提高到 50 ～ 60 次。而且如此頻繁的呼吸，還不能成為常態，人是不能在靜態時便呼吸如此快速的，否則呼吸系統之胸腔與橫膈膜運動會過於疲累，反而會累到無法呼吸。甚至別人還以為你得了氣喘病，氣喘吁吁的。況且呼與吸之間的空檔還是很多，往往會被對手抓到機會趁虛而入，自己便會為之氣結，空有功夫卻使用不出來。

雖然，太極也有所謂的「哼、哈、嗯」之用，但那只是補足勁力的額外加分，不是勁的本體，可千萬別混淆了。靠呼吸的原理吐勁，是絕無法登達「神明之境」，況且也不夠優雅，有已達神明者與凡夫交手，在未打之前，自己便先氣喘吁吁的嗎？當然沒有，自然是從容優雅，化勁於無形才是上等。

人原本先天都會有氣場存在，那是人與環境之間的互動性，人在空氣中生存，就如同魚在水中生存一樣。大部分魚的側邊都會有所謂的「側線」，這「側線」便是它們

115

感受水流變化的感官，亦有人稱「側線」為魚類的第六感。而人類生存在空氣中，自然也會對空氣流動、甚至周遭磁場有感覺，有人稱此為人的第六感。

魚類為了要測水流變化，於是發展出第六感出來，水流過魚類，原理亦如同空氣流通過人的身體一般，人若細心感受同樣也會感覺氣流的存在。而且當他人靠近或者逼迫而來時，這氣流還夾帶著磁場，氣場的流動會更加明顯易辨。甚至，人也可以感受這氣流的善惡。通常緩慢而來的、面積小而來的，其侵略性較低；若急促而來、面積大的，便具有侵略性，若過於快速又尖銳者，即所謂的「殺氣」。成語早有「殺氣騰騰」一辭，這表示古人早已普遍感覺這氣場的存在，還能編入成語中，成為在大眾日常生活中用語，可見人人皆具氣場，人人亦可感應氣場，氣場並非外來、神秘之物。

例如魚類在水中悠游，若被名為魚狗的鳥類從空中俯衝攻擊時，往往能在最危急時刻，靠「側線」感覺魚狗入水時的水波變化，在百分一秒時間內，以直覺迅速閃開，及時避開危險，這表示魚類利用第六感便能夠分辨得出入水東西來意的善惡。

而人類若加以訓練，同樣可以把敏感度拉升起來，同樣可以感受周遭氣流與磁場的善惡變化，這種感覺周遭氣流善惡變化的能力，便是我們說的「氣場感應」。故氣場可說是人類除了聽覺、視覺、嗅覺、味覺、觸覺之外的真正第六種感官，若把它稱之為「氣磁覺」更為合理。

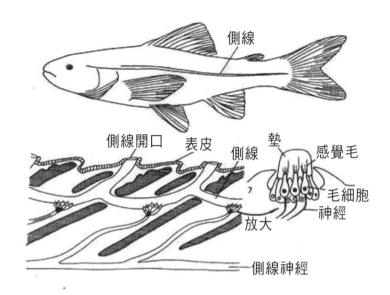

側線

側線開口　表皮　側線　墊　感覺毛

毛細胞
神經

放大

側線神經

　　上圖是魚的第六感——側線，可以看到側線佈滿了神經元素，故能靈敏的感測到周遭的變化。

先練小氣場，再練大氣場

　　在第六堂課當中，我們僅介紹最簡單的氣場給學員練習，目的是訓練身體與手臂之間的空間，成為學員的小氣場。

　　小氣場的訓練方法是，當我們把雙手臂往前一擺，作出挪的動作後，此時若是正確的「勁架子」，身體腳掌便會藉由根勁的盤根錯節，伸根於地面，讓身體呈現下堅上鬆的狀態。由於鬆堅在我們身體上呈現了相對性的對比，

此時上半身，便會因為鬆而感覺靈敏起來，猶如大樹的樹葉亦能感受風吹的變化，上身夠鬆便可隱然感覺到有一股氣場膨漲起來，高度是起於從腳至胸腔，橫向是從身體到手臂之間的空間，這就是初期的小氣場。

能感應這種氣場的人，這時會感覺好像抱著一個虛無的空氣大圓球一樣，任何來觸碰這氣球的東西都可以立刻被感應到，並且可以立刻被這氣球給反擊回去。在這種感覺下，整個人的感覺敏銳度，都跟著變得敏銳起來。

這個氣場的感覺是可以似剛堅、也可以似虛無，全憑用者下盤對根勁之「踩蹬搓揉」功力來決定上盤氣場剛堅或柔軟的強度，強大的氣場就會像抱著一顆無形的硬氣球一樣堅實。也可以比喻成一棵樹根紮實的紮在土裡，樹葉卻輕輕的隨風擺盪，整棵樹的樹葉搖擺範圍，那就是樹的氣場。風一吹樹，任何一片樹葉飄動，樹若有靈性，應可以有感受到其變化，可以說這是樹的氣場感應。

而人的小氣場還可以再延伸擴大，當多練習手臂與身體之間的初期小氣場之後，漸漸的氣場敏感度便會持續增強，這牽扯到個人體悟的高低。最後若練成了，便可以感應氣場會從手臂之內溢到手臂之外，就如同水倒入杯子中，當水斟滿杯之後，若還繼續往杯子裡倒水，水便會外溢到杯外是一樣意思，這外溢出來的水便是大氣場。

在胸中的小氣場已飽和狀態下，此時再加強一點根性與上身的敏感度，氣場便可以外露到身體的周遭外面去。此時使用者的身體會感覺到加倍的敏銳，會從紮實的手臂到身體之間的氣球，變成輕靈的感覺包覆在自己身體周

遭，此時周遭有任何變化，都能立刻感應到，已經不需要一定要搭手才能聽勁。

這樣的感覺絕非神話，早在太極經典當中便已出現，王宗岳《拳論》上便曾說：「一羽不能加，蠅蟲不能落。人不知我，我獨知人。」這便是把氣場從身體內練到身體外的境界，若持續鍛鍊還可以練到王宗岳所說之「我獨知人、人不知我」的境界。這境界便是氣場已經擴充至身體數公尺外的位置，別人一進來我的氣場範圍，他還尚未知曉，而我透過氣場變化便獨知來者的用意，舉手頭足之間，我獨知人，人卻不知我，自然英雄所向無敵矣！

氣場的鍛鍊

氣場的鍛鍊要點，在於要常鍛鍊上下盤的鬆堅對比感，我們在勁架子掤起來之後，兩腳一落地就要能有生根三尺般的感覺。要感覺人有了根之後，整個人便都可以穩固起來。隨便兩手一掤，自然就會感覺有氣場油然而生。如同樹葉在空中搖擺，無須刻意尋找，只須細心體會雙手與胸腔之間是不是有感受正抱一個大氣球之感，這氣球可圓、可橢圓，亦可凹扁變形，隨使用者的心意而變化。

氣場若一時真的找不著，也不必太過灰心，這是因為根勁尚未堅固齊全，或長勁無法貫串整個身體之故。所以，此時的氣場，就像是一個沒有充氣，而且破洞的氣球一般，自然感覺不到它的彈性與張力。但是只要持續練習根勁的感覺，等根勁的感覺穩固了，一定會感覺到從根勁

產生的強大勁源，像充氣一般讓整個身體充滿勁道，這便是整勁。身體整勁完成之後，自然慢慢可以感受得到氣場的彈性與張力。

　　練習氣場的好處，在於氣場就像是個可以壓縮變形的氣球，不但可以保護自己的安全空間，也可以任意改變擊發的點。就像拿東西丟向一個大皮球，大皮球立刻可以把這東西彈掉，這種接勁立彈的功夫多揣摩，便會達到「太極打人不用手，渾身是手手非手」的境界，也是階及神明的過程之一。

　　上圖為雙手掤之後的氣場感應式，在胸腔間隱然有抱個隱形氣球的感覺，任何東西靠近，都可以立刻感受到。

練聽勁

應手的第一時間是太極拳最好的攻擊時間點，唯有內家拳，尤其是太極拳能在此第一時間出擊。再怎麼強大的外家拳，也都只能在第二時間出擊。

何謂第一時間、第二時間？第一時間就是身體第一反應的瞬間，第二時間是身體第二個反應時間。以西洋拳擊而論，要打擊對方之前，一定要先拉回拳頭再出拳，若以連續動作而言，便是第一時間拉回、第二時間攻擊，故拳擊是屬於典型的外家拳法。

但是內家拳以內勁為力源，勁已經隨時蓄好在身體裡面，要攻擊時不需再與外家拳一般，得先拉回再出擊，可以拳在外時便直接攻擊，甚至就算拳掌已經貼著對方身體，沒有空間也能發勁攻擊，拳掌根本無須拉回，便可在第一時間以整勁攻擊對方；甚至許多內家拳高手，可以做到，若被突如其來的突襲嚇到，在自己腦筋心智尚未反應過來的瞬間，身體的整勁已經先出手攻擊對方了。故我們也可以說，凡以肌肉伸縮式的打法者屬於外家拳體系，而能在第一時間，以勁攻擊者方能稱為內家拳。

第一時間是太極拳的優勢所在

能在第一時間出擊是太極拳拳手的優勢所在，錯過了第一時間，對方就有了脫逃機會，或者拉回打擊的能力。若第一時間用來格擋、閃躲再反擊，也已然是第二時間以後之事。這種情況，大多會發生在對於應手還不熟練，或者臨場經驗不足者身上。並非全然都是功力不足所致，大

多是實戰經驗不多緣故。對此需加強直覺性反應的訓練，要練到連膽怯的時間都還來不及發生，便已然出手的境界。能練到此，縱使天性善良，後來膽怯了，卻已經制敵於先。

第二時間的變化，往往非常巨大，對方可以連續攻擊，也可以打了就閃躲，變數很大，雙方都不見得有把握佔上風。

至於若能練到太極之「神明階段」，則已無所謂第一時間、第二時間。因為對登入神明境界者而言，每一次的交手都還是有第一時間、第二時間的存在。縱使神明者沒有第一時間出擊，對方在第二時間攻擊時，還是能在其第二時間攻擊上佔得先機，達到縱使對方已攻擊中，仍有能力可分辨其中的第一時間性與第二時間性的分別，交手的時間雖然是在瞬間中發生，但在神明者眼裡，則如同慢動作一般可以分解看待的。

這樣的說法似乎很玄，不過，相似的例子卻屢屢可在外家拳的西洋拳賽中見到，這便是拳擊中所謂的「反擊拳」。反擊拳就是當對手以一種拳路攻擊你時，你不但不格擋也不防守，反而也在同一時間，以一種相同或相克制的拳路反攻擊他。雙方看似幾乎在同一時間打擊對方，但由於你是守株待兔，出拳雖稍晚，卻剛好打到對方身體自動送上來的位置上，一拳打下去，反而是你的拳先擊到對方，這便是所謂的「後發先至」。

對方挨了一拳，但其受力卻大於一拳以上，甚至大於二拳，因為對方承受了他自己撞擊來的力量，再加上你的

攻擊力量，兩股力量碰撞在他身上。這時奇蹟便發生了，原本會打到你的拳，竟會因為對方身體先吃了雙倍的力量後而變形走樣，此時就算對方也打到了你，但拳也完全變輕了，有時候甚至連拳都摸不到你。其原因是：①拳形已經被你的反擊拳所破壞，拳打歪了，②是對方吃了雙份重量的反擊拳後，已先倒地了。

這便是從第二時間中，再判別出第一時間性的神明之作，故讀者不要以為被佔先機就只會一路挨打，連外國的拳擊都可以有神明之作，對於內家拳的神明者而言，雙方交手總是有機會能搶佔先機回來的。這也很像圍棋高手與人下棋，未下棋之前可先讓數子，先讓對手先擺上幾個棋子在棋盤上，明明已經處於劣勢的局面，卻可以靠巧妙的中盤戰鬥、尾盤收官之棋力逆轉勝回來。

但我們終究還未到達神明之境，所謂的「階及神明」，乃是一階一階的往神明之路邁進，無需太著急直達神明之境，一階有一階的風景可看，看完全部風景，才看神明美景，豈不更充實，豈不快哉！故我們對於第一時間的掌握，還是有其必要性的。

所以，我們可以說，若錯過剛接觸一剎那的第一時間，太極拳的先天優勢可說是已經失去大半，往往雙方又成了五五波的僵局狀態。甚至，講究鬆柔的太極拳者若挨了對方一拳，更容易出現每下愈況的局面。

至於如何掌握第一時間呢？除了先在觀念上要有「太極重接勁，不重閃躲」的訓練之外，還需有聽勁訓練的輔助。以下便是第七堂課的「聽勁」的訓練內容。

聽勁　聽重心　聽氣場

　　聽勁不是聽對方的來勁，而是聽其重心、聽自己的氣場，我在《懂勁》一書中曾說：「聽勁者，聽對方之重心變化是也！」本書名為懂勁之後，懂勁之後自然還可以再加上另外一句是：「聽勁者，聽己方之氣場變化是也！」若聽勁，還停留在聽對方之來勁，則自身危險增加，等到聽到來勁後才反應，或許已經是第三時間，先機盡失！

　　聽勁要聽到對方的重心轉移之感，藉由搭手感知對方重心的轉移，對方之重心一有轉移變化，我便立刻能感應到，並且迅速反應制敵於先。要把聽勁練到縱使對方之企圖還未顯現於外表上，我已經可以先潛入對方之虛處，等待對方重心來時，就像東西入秤一般，不但可秤出對方重心，亦可卡位先發制人。能聽到這種地步，就會很像前面所提到的「反擊拳」一般。

　　至於練到氣場聽勁，則是聽自己氣場變化，若氣場的圓被對方壓縮了，表示對方正侵犯被壓縮之處，不管其壓縮是大是小，都會鉅細靡遺的表現出來。因為太極處處都有虛實，對方一壓迫你，對方一定會在壓迫處「實」佔的比較多，而在其他處「虛」會佔的比較多，此時的應對方式便是避實而趨虛；如同成語「圍魏救趙」一般，又如同反擊拳一般，先在對方之虛處等著他。若感覺氣場一變，也一定要跟著變化，就如同對方是推動我們的齒輪一般，是他帶我們去打他虛處，不是我們主動去打他虛處，故必

125

定能打虛而避實。

但若氣場變，而自己未果決跟著改變，便猶如硬生生扳住齒輪不讓它轉動，最後齒輪組定然瓦解；若是在氣場上，氣場的圓已經改變，而自己還不跟隨變化，最後自己的氣場便會被破壞而無存，猶如破掉的氣球沒法再反彈一般。故保有氣場的圓，是讓氣場聽勁靈敏，能持續作用的要訣。

聽勁要有雙向性

在做聽勁練習上，課程中會要求學員做到雙向聽勁的程度，何謂雙向聽勁？聽勁可分為對內聽勁與對外聽勁，其名為雙向聽勁。

雙向聽勁一是聽自己的勁，二是聽對方的勁。在聽自己勁的做法上，要做到感覺是在度量自己勁的走法、斷處、大小、長短。以下便是其分析：

走法：

自己勁的走法必須要從根勁開始，根勁是從腳掌生出，進而至腿至腰胯，走到腰胯之後，可以分是走背脊還是丹田兩種路徑。不管走背脊還是走丹田，之後又會分為走直線路線，或者走「X形」路線。直線路線就是同邊走到底，而「X形」路線是左腳走到右手，右腳走到左手，這得要分當時對手的虛實狀況，來決定我們發的是什麼勁法（發勁法會在第十堂課中教授），有些勁必須直線發勁，有些則以「X形」發勁，更有一些是混合形發勁。

斷處：

在未練得很整齊的整勁時，每每發勁總會出現斷處，這斷處或許在平常不易顯現，但在一搭手時，便往往會暴露出來；亦或許斷處是對方所造成的，通常是被對方力量所衝擊之處。

若在練習時暴露出斷處，是再好不過了，通常勁的斷處會特別的痠疼，但學員若常與人搭手，則會自動改善其斷處，因為身體會自動改良其功效差的動作，進而改良勁的斷處。身體會自動走到「勁架子」所要求之「鬆身、頂頭懸、含胸拔背、沉肩墜肘、落胯、膝微彎、盤根勁」等七項要求上。若斷處只是因為少運動該部位的筋韌的話，此時勁就會像水流一樣，在水流常常沖刷之下，原本不順暢之處，便會漸漸地變得順暢多了。

至於若是對方力量衝擊造成的斷處，便要練習「渾身是手手非手」的應對模式，對手衝擊了你某處，你便用某處去發勁，勁不一定非要走到手上才發不可，用肩、用腰、用腿都可以發勁。能練到這樣，對方按住你哪邊，你哪邊便可直接發勁，也就沒有斷處可言了。

大小：

勁的大小是自己要去感覺的，通常都是從小勁練到大勁，練到鬆沉勁、凌空勁，沒有人天生就有很強大的勁。所以，縱使初期勁小也沒關係，只要是有勁即是對。未來多走拳架，多練習，自然而然勁就會變大、變寬。所以，一時推輸人，也別太在意；該在意的是，能不能把自己的根勁傳導上來。

長短：

每個勁出去，自己都必須要問自己，這有帶到長勁嗎？若沒有帶到長勁，即無法發揮整勁的整體作戰功效。若只是局部的短勁發勁，縱使贏了對方，事後也都要再尋求改善之道，務必做到整勁之效，若常偏向於使用短勁，久而久之，若習慣了，終究難成大器，切勿太依賴短勁的一時功效。

而在聽別人勁方面，我會要求學員做到，一用肌膚去感受對方的重心的高低。二用氣場去感應對方型態的強弱。這個練習就必須兩人一起做，甚至最好能有個第三者作為對照對象。我在課堂中，會先與學員搭手，讓他感我的勁向，也歡迎他認為抓到我時就發勁推我。當然，筆者自然可以應付任何來勁，所以，也無所謂侵犯之虞。之後，我的位置換成另一個學員，也以同樣條件應手對付，讓同一個學員去感受，兩者之間的差別。

這樣的聽勁訓練之後，學員自然可以判斷出勁的差別，從而改善自身的缺點；在這堂聽勁課程當中，只有與人多搭手多聽勁，是唯一進步的法門。唯有經過多搭手多聽勁，最後才能進入不用搭手也能聽勁的境界。

聽勁五步驟——搭手、重心、型態、閉眼、氣場

在階段性的聽勁練習上，會有「搭手聽勁、重心聽勁、型態聽勁、閉眼聽勁、氣場聽勁」等習練的步驟，其做法與用法如下：

搭手聽勁：

雙方以掤勁之姿，雙方手搭手聽勁，用自己的手臂觸碰對方的手臂，去感覺對方的重心移動變化，重點在於感覺大於反應。若是彼此聽到勁亦可發勁，由於雙方手搭手，被發的一方，也可化勁反發，久練則如比賽自由推手一般，可精進聽勁發勁的技巧。

重心聽勁：

在手搭手聽勁之後，再來便是雙方要在勁的世界上坦誠相見，《拳論》上說「腰為纛」，故腰胯與丹田的位置，是勁的總司令之所，所有的長勁都要經過丹田或背脊這個區域，才能串連出長勁。在搭手聽勁階段之後，再來便要求學員雙方一手搭在對方肚子上，以聽對方的重心升高、下降，左右等變化。此時雙方是同等地位性的，誰聽到誰的勁，誰都可以發長勁推出，由於腹部為核心肌群，自然會產生相抗性保護。而且，被發的一方也未必吃虧，仍可以「接勁」、「化勁」的方式來化解來勁，並非一定就會被發出。這階段筆者也是與學員一起練習，縱使被學員發勁推了數百次，卻也從未被發出過，反而更精進我的接勁化勁功力。

型態聽勁：

在練習重心聽勁之後，發勁已經略具雛型，下一階段的型態聽勁，便是又恢復到手搭手的姿勢上，這時與對方一搭手之後，便會先要求在心態上先聽自己的勁，先鞏固自己的勁架子型態不變，而且要遇壓便反擊，不讓自己勁架子變形，也就是做到應手即彈的境界，這便是型態聽

勁。型態聽勁已經有轉守為攻的意味,不再只是一昧先接勁、化勁後才發勁,而是一搭手一有感覺立即發勁,或者一搭手有感覺立即包含、截斷對方的來勁,常練型態聽勁,可化解對方來勁於無形。

閉眼聽勁:

型態聽勁再往上一層練習,便會練到閉眼聽勁的境界,這時的練習,最好是雙方都能帶上眼罩,只用肌膚去感受對方沾黏的深淺,由於無法看見,故建議不主動攻擊,但聽勁聽到對方攻擊感已出卻未發之時,便要率先反擊化勁或出勁。筆者在這階段,通常會親身示範,用閉眼與明眼之學員對推,讓學員知道,聽勁真的可以做到閉眼聽勁的境界,並非虛假之事。若想練到閉眼聽勁的境界,則本書從這篇以上之要求,便需通通做到,方可達到閉眼聽勁的境界。

氣場聽勁:

最後便是氣場聽勁,初期的氣場聽勁,只要求做到抱圓不破,守圓反彈應對即可;到了高級的氣場聽勁,需做到讓來勁打不著、打不實、發不出。達到王宗岳《拳論》上所說:「彼微動,己先動。」氣場聽勁練的好,則可先發制人,當自己氣場遭到外力入侵時,便直接反擊、封閉對方來勁出路,故能彼微動,己先動。

練接勁

挨打是硬著陸　接勁是軟著陸

　　已經到第八堂課程接勁課了，在前面七堂課程中，勁也練到了，聽勁也會聽了，再來便是要強化對來勁的承受深度。就如同泰國拳的拳手平常的練習一樣，未打人之前，先練習挨打，當挨得起打之後，這才開始學打人。內家勁的練法倒不至於如此殘忍，得先學挨打，內家拳的練法是練接勁替代練挨打。套句現在的常用語來比喻，可說成是「挨打是硬著陸，接勁是軟著陸」。硬著陸可能造成飛機全毀，也可能半毀，而好的軟著陸，在飛機著陸時受損不大，甚至可以著陸於無聲無形，消彌危機於無形。在無形之中把對方的來勁給接住捉住，這便是太極內家拳的接勁。

　　若一昧閃躲就等於落人於下風，受制於人，應該也不是「楊無敵」名氣一般該有的拳風，太極拳能出一個楊家二代都是「楊無敵」的稱號，自然也有一定的霸氣在，絕非一昧地逆來順受只化不發。

　　太極拳的接勁功夫是把外家武術中高明的連消帶打技術，也直接省略跳過，以接勁代替閃躲，化被動為主動攻擊，成為更高明的拳術策略，故太極高手往往能在與人搭手瞬間就可以把對方打出，這是拜聽勁、接勁、發勁整合成瞬間一體之功。

　　接勁在太極拳中，被許多大師公認為是最難的項目，這是因為太極拳原本就不講究閃躲，而是講究第一時間發

勁。而接勁則有點像是放棄在第一時間出手，只在接勁之後的第二時間或第三時間才發勁，困難度自然很高。再加上，由於太極拳練習時，多以雙方搭手的推手當成是主要練習項目，少了接快拳、接重拳的訓練，故一下子要接好快拳快勁，自然極難調適，故接勁被太極拳者認為是最困難的項目，是其來有自的。不過，若練不好接勁，則後面的發勁功力便減去大半，一身功夫也等於白練。

　　但是若把對方來勁給接的好，即等於掌控了對手的節奏，打亂了對手的節奏，正所謂的「我順人背」可制人而不被人所制。所以，縱使接勁困難也需要突破，必須把它練會。

　　接勁雖困難，但若能循序漸進的練習，也並非不能有所成，這順序便是「能聽勁才能接勁，能接勁才能引進落空，能引進落空，發勁才會乾脆。」所以，當練勁練到會聽勁，聽勁練到靈巧之後，接下來的練接勁，就會輕鬆很多。

接勁的訓練要求：接的快、接的準

以下是接勁訓練的要求方向：接的快、接的準。

接的快：

聽勁若練得好，便可以預先知道對方的動向，便可以先卡位在重點位置，這樣一來接勁自然接的快。例如棒球的投手與捕手關係，投手在投球之前，捕手會先與投手打暗號，約定投手要投哪種球路，球又要投到哪個位置上，

然後把捕手手套擺在那個位置上；之後，投手依約投進那個位置，捕手接球時便可輕鬆入套，這便是接的快。接的快在內家拳中叫做「截勁」，也就是讓對方來勁被截斷，讓他的矛頭偏向到我們指定的位置，或飄走或出不來，也就是「引進落空」或讓對方「丟頂」，這便是接的快。

接的準：

接勁能接的快之後，還要接的準，如前面投手與捕手的投球，投手投再快的球，捕手也能接到，因為投手是在雙方約定之後，把球投到該投的位置，縱使球路炫麗、位移很大，縱使蹲著身體的捕手也還能接得到球，這便是接的準。而太極拳要接的準，也是要先預備好位置讓對方投。一般而言，是以「引進落空」或者「借地之力」兩個方向為主要手段，引進落空就是讓他看似打到卻打不實，而借地之力，是讓他縱使打實了，也如推到大石、大樹一般，力量都被我們給導到地下，對手之力被直接導入地面之後，我們只需借地之力便可反擊。這做法便是以自己身體本身成了對方「力」與「地」中間的傳導體，以勁引勁正中我們的下懷。接勁能傳導順暢者，甚至可微笑自若毫不費力的接勁，這便是接的準之功，而非神功護體。

接勁的練法：落空法、封勁法、借地法

接勁的練習法，等於是在落實「接的快」與「接的準」這兩項要求，這個課程一定要老師與學員、學員與學員親身下場多練習，唯有常接勁，才能熟悉以後對手發勁

的感覺。

筆者自從出版《懂勁》一書以來，已經面接不下數十人的討教、試勁，從未怯戰也來者不拒。每個討教者前來，我都會與對方試勁，讓對方真真實實地發勁推我看看，試勁至今尚未嚐過敗績。

另外，有趣的是，來討教的眾多人中，沒有一個的勁或力是一模一樣的，有人力強，有人渾厚，有人單薄，有人甚至姿勢怪異等等，縱使是同門師兄者，兩人的來勁也讓我感覺大不相同。

故我們對於接勁千萬別只做紙上功夫，一定要多加練習，因為沒有一個人的勁會與其他人相同，故新對一個人接勁，就猶如面對一個未知數一樣。這時唯有在接勁練習時多加練習，才能在真的與別人接手時，能發揮接勁所學的「接的快」與「接的準」原則。縱使有些差異，亦可在微調之下把勁接的好，不會被他人給推了出去。

落空法：

落空法者引進落空是也！落空法就是讓對方來勁推不著、推不實，讓他的來勁落空，勁一落空，對方整個人重心便往前撲跌，是屬於太極拳中「採擺勁」的功夫，採擺勁的作用便是不與對方抗，而順著對方勁力方向，繼續加一把勁讓他前進，並且引導讓對方的勁頭打偏、滑出。

封勁法：

封勁是以自己氣場為依歸，審查自己的氣場，便可察覺對方在未出手與出手瞬間，以直接先發勁方式截斷與封住對方勁源，讓對方勁力無法暢通，也就是打手歌裡面

「沾連黏隨」用法。練法便是要雙方搭手時，由一方主發勁，另一方主感受其發勁之前的變化。在常使用聽勁之後，漸漸便會知曉對方發勁前的氣場變化，此練習也唯有常常實際演練方能熟練。

借地法：

借地之力法便是「定勁」的功夫，也就是以根勁為基礎練習的太極拳者最具優勢的地方。在練習好「勁架子」之後，以「鬆」字訣應對任何的來勁。把這種接勁模式當做是自然而言的狀況，會很順利的引導對方來勁與地力對接，亦可潛於對方之下讓對方之力上化，讓對手自己一使勁便重心上浮。重點在於自己「勁架子」型態要能受力而不變形，勁架子不變對手就無法超越自己的「臨界點」。

訓練方法是，多訓練勁架子的型態，要從只有一種型態的勁架子的一點接勁，逐漸轉變成能多點接勁的型態，甚至以後要練到外觀上看似隨意的站著，勁架子已經變形，但內在勁架子仍完好如初。

武式太極的第二代傳人李亦畬，據記載已經練就縱使坐著，別人一搭他的手，也能把人發出一丈之外，可見李亦畬已經把勁架子練成到極小的空間，外觀看似坐著卻仍可發勁。

另外，還要訓練如何找到自己的「臨界點」。在訓練時雙方互為攻守，守的一方可以細細感覺，自己到底可以讓多少，當讓到不能再讓，再多一點便會被發出時，這即是「臨界點」。借地法的訓練，是要熟悉臨界點的感覺，然後，堅守「臨界點」，至於關於「臨界點」敘述，還會

在後文中提及，我們在此只先點到為止。

來勁意念

　　另外對於來勁的意念審視，也是很重要的部分，我們在聽勁一篇中曾說，魚類利用第六感「側線」能感受水流波動時的善惡意。而人在經過氣場聽勁之訓練後，也能訓練出第六感「氣磁覺」，測得來勁的善惡意。

　　來勁的善惡意將直接影響接勁的模式，以下是審得來勁善惡意的應對法。

　　1. 沒侵略性時：

　　此時接勁的主觀意念，便是可以順著來勁往地下打、往下扎根，而不與對方力抗，對方來勁遇到往下之勁，對方的勁便會往上飄。唯有不與之力抗，才能引導對方來勁，始可將其來勁上化，也可使用定勁應對，讓對方之勁與地力對接。

　　2. 有壓迫性時：

　　自己勁先往下打，也就是所謂的「讓中不讓地」，感覺對方來勁有壓迫性則先固守好自己地盤，上盤以鬆，下盤以堅應對。

　　在接勁之後，跟著以地面三角型的打法，以「二角打一角」模式，往對方的虛處打，對方壓迫的越大，他自己的反彈也越大。通常這是最常遇到的狀況，既然要與人推手，自然會帶著壓迫性而來，故通常交手，都先以讓中不讓地來應對，既不失禮，也不會失勢。

3. 有侵略性時：

當我們感覺對方來勁，又急又猛時，原來的讓中不讓地策略，此時還要更積極一些，要從「意守根勁」轉換成「意守丹田」，以腰為纛，丹田為發勁核心。當來勁距離我們可以發勁點的寸間之時，便直接破壞對方來勁之形，往其下打攻其地，並攻其虛點。由於以丹田為核心，丹田發勁時，也會驅動以下盤腳根為支柱，此時以身體任何處（手、肘、肩）皆可為攻擊武器，可說是「渾身是手非手」。通常這是氣場聽勁，聽出的能力，再配合所謂的「反擊拳」效應，才可做到以上所說的程度。

臨界點的拿捏

太極拳的推手運動，其實就是在玩測試彼此「臨界點」的遊戲，搭手雙方的兩人在會被推倒與不會被推倒之間，都會有一「臨界點」存在。未過對方的臨界點之前，對方不會被我方推倒，而若重心被推過了臨界點之後，對方縱使百般支撐，不願被推倒，也只能徒嘆奈何，被人拔根而起或者摔出！縱使力拔山河氣蓋世的項羽再世，只要被人推過了他的臨界點，也照樣會被連根拔起，無一倖免。

而且臨界點是公平的，無論對方己方，雙方都存在著會被推倒的臨界點，雙方在碰撞之後，誰的臨界點先被觸碰超越過，誰的危險就先來臨了。臨界點對於對方而言，就像是「壓死駱駝的最後一根稻草」，而對於己方而言，則是最後的馬奇諾防線。

　　推手在一觸碰對方身體之後，等於就是在玩「藏臨界點」與「找臨界點」的捉迷藏遊戲。自己的臨界點要藏好，不要讓對方給抓到了，甚至要製造假的臨界點。相反的，己方要設法迅速抓到對方的臨界點。要把對方一推，他的重心便能一舉越過臨界點，最好是讓對方完全來不及防備，或者無從防備，便讓他的身體重心超越他的臨界點一舉拿下。

　　若要防的輕鬆，就要「根勁」與「鬆」的功夫同時做的好，因為雙方搭手是搭在手上，若下盤已經有了強大根勁，則上盤儘可以放鬆，鬆的好處是，對方一搭手皆成虛無，別人很難探知你的臨界點，甚至重心也抓不到。另一則是聽勁靈敏度增加，總能先得知對方的動向。若不鬆會過於用力，過力會產生抗力，便容易出現頂，被對方抓到頂點，就容易被推出。縱使沒有推到臨界點，也總是要苦撐。但是若真鬆了，對方一進攻便往往陷入五里霧中，要化要發則隨己便。

　　若要推的輕鬆，便要常常思索如何讓對方來不及防備，以及令人無所防備。「鬆沉發勁」便是從這種思考模式出現的發勁方式（鬆沉發勁會在發勁課程中專門探討）。由於己方鬆沉，對方一搭手就如搭在棉花糖上無施力點。但是，這棉花糖可是鐵球裏棉花，鬆軟是外相，內堅才是它的實相，另外「鬆」再加上「沉」，則成了鬆沉。鬆沉便猶如一搭手便跑到對方的底處去，一下子便佔盡了上風，鬆沉發勁能練到棉花裏鐵球的功力，這樣推起來，會更加輕鬆愉快。

介紹王宗岳打手歌

掤攦擠按須認真，上下相隨人難進。

任他巨力來打我，牽動四兩撥千斤。

引進落空合即出，沾連黏隨不丟頂。

　　王宗岳的打手歌，共六句四十二字，是筆者認為最精簡的推手拳經，既包含自己身體的體悟，也包含如何應手的做法，實乃千古絕句。凡練太極拳者皆應熟背此歌，此歌在每一個程度上，都有每一個程度上的不同體悟。就如同「看山是山、看山不是山，看山又是山」的境界。例如要如何上下相隨？又怎樣牽動四兩？該如何引進落空？合即出時又該怎樣「合」呢？沾連黏隨已經不易，而且還要不丟不頂，「不丟頂」也是有很多層次可言的，不是僅僅三個字便可說明一切。

　　習太極拳者都應該熟背此歌，默試揣摩其含意，便會有無限的進步空間出來。

練化勁

化勁與接勁之差別

要談化勁之前，必須先釐清化勁與接勁的差別處；化勁與接勁同樣是處理對方的來勁，兩者可單獨使用，也就是當對方來勁時，可一路化到底，也可以一路接到底。但若兩者結合，部分化部分接，或者先接再化，則是更佳的做法。

化勁與接勁實為表裡，可以表裡一致，亦可表裡不一。在操作上表裡要相輔相成，才能達到事半功倍的效果。若把拳路比喻成餐館、飯店人員，接勁與化勁的分別，就如同餐館裡接待客人與服務客人的差別，接勁便是在接待客人，而化勁則是對客人服務並且給予適當分類。接待客人時，該上雅座的便要領到雅座，該到 VIP 座的便要領到 VIP 座。

而若是存心來鬧的，則該硬性處理的，便要迅速硬性處理，真的該攆走，更要果決的轟出去的，否則，會影響其他客人觀感，對自己生意反而不妙。

接勁就如同是站在領台位置上的人，負責對客人寒暄招呼，詢問需求，把客人接待的妥妥當當；而化勁則是後續的服務人員，負責沏茶倒水、提拿行李，招呼入座、上桌點菜，伺候用餐消化人流的人。拳路上接勁與化勁各司其職，才能把對方來勁「接待」的妥妥當當。

想要練好下一堂課程中的發勁，必須先練好本堂課程之化勁，能化勁之後，方能講究發勁。

　　這裡有個太極公案可以證明筆者的說法，民初有一位太極大師向愷然曾評論說：「楊澄甫、吳鑑泉均以專練太極拳有重名於北平，或曰楊澄甫善發不善化，吳鑑泉善化人而不善發，以是二人均有缺限。若兼有其長，則盡太極之能事矣。我曰事或有之，於理則殊不可通。因發與化似二而實一，不能發則不能化，不能化亦不能發。故經曰黏即是走，走即是黏。不過原來體格強壯，氣力充足之人，發人易而乾脆，楊體魁梧，且嘗聞與其徒推手時，常喜自試其發勁，故其徒皆稱其善發人。吳為人性極溫文，且深於世故，不論與誰推手，皆謹守範圍，不逼人，不拿人，人亦無逼之拿之者。聞其在北平體育學校教太極拳時，學者眾多皆年壯力強，與吳推手任意進退，吳惟化之使不逞而已，始終未嘗一發。故人疑其只善化，而不善發。我謂若吳亦嘗發人，證以其平日溫文之性格，可斷其為不欲無端發人，招人尤怨，非不善於發人也。我以北來略遲，楊吳二君皆未謀面，然深信二君，皆為當今純粹練太極拳之名宿。絕未攙雜他種拳法，以圖討巧，其功夫火候實不可軒輊。在外家拳盛行之今日，欲求專練太極拳如二君者，恐未易多得。」

　　這公案說明了發化原本就是相輔相成的，如同武氏太極第二代李亦畬曾說的：「有引進落空才有四兩撥千斤，沒有引進落空，就沒有四兩撥千斤。」兩者道理是相通的。

　　化勁顧名思義就是把來勁、來力給化除掉，不讓勁力打入自己身體裡，造成己身的傷害。化勁若以方向來論，

143

可以分為側化、上化、下化等三大類型。

　　側化是一般練不到根勁之太極同好者的唯一選項，所謂「左重則左虛，右重則右杳」指的便是側化。人天生本能一定對於外來之勁力會加以閃躲，若無法閃躲，則會下意識的出手牽移這來勁，這動作便可稱之為化勁。化勁可以說是人天生的本能反應。

　　人的天生化勁，會主觀的偏向於「側化」，也就是把來勁往自己身體兩邊牽移，把危險推開、扯走，這是外家拳武術中不變的真理。所謂的「以橫破直」，就屬於加強鍛鍊天性側化的本能反應。而太極也同樣把這種直覺收納使用，在太極拳八勁之中都隱含著「化」與「發」兩種勁道，其中「攦、採」二勁，便是應用側化的代表勁法。

上化為君　側化為臣

　　側化雖是本能，但是側化卻容易讓來勁無損的離開，並且沒有充分利用到對方身形也因為這次攻擊而破壞的機會，「攦、採」二勁之所以能被列為太極八勁之中，正因為利用了人類的本能，並利用對方身形變形的機會，製造出讓對方跌出的勁法。

　　不過，若未強烈損及對方的話，很容易讓對方再度集結力量後再度攻擊；而且對方若再度的攻擊時，可能學到教訓，會事先防備，不再全力攻擊，而是保留部分的勁力，或者改變攻擊模式，有虛有實，縱使被側化，也能很快地收回拳腳。故以兵法而論，「凡戰者，以正合，以奇

勝。」「攦、採」二勁可用在「奇」上，而非用在「正」上，若想要和對方能夠正面相抗衡，就必須有更深沉的化勁法。

　　高明的太極先賢們有鑑於此，便創造出讓來勁走不了的化勁方法，這便是「上化」。比起側化而言，上化更適合正面接觸者，上化是有了太極內勁後的高明化法。上化能有效的先抓住來勁，讓來勁走不掉，做到了接勁與化勁表裡相輔相成的效果。上化不同於側化，是可以有效率的鎖住對方來勁，並為自己所應用，來勁愈大，應用效果愈佳。

　　其原因在於，因為人是兩腳立足的動物，既不會飛也跳不高。對方來勁，被我上化之後，對手的身形、重心往往已被他自己的勁給帶了起來，其腳根自然浮起，此時再怎麼孔武有力之人，也猶如失根之草，輕輕一發勁便能往我前面傾倒飛出、往我側邊摔撲跌出，更何況是被我強勁的內勁所發，自然是可以發人如掛畫地向外飛出，這便是上化的高明之處。

　　不過世上終究沒有完美的勁法，有優點就有缺點，上化的優點是讓對方來勁跑不掉，讓對手自己拔根。但其缺點，是必須要把來勁導入自身體內，讓對手的來勁穿過自己體內，再引導至地面，若是應用不順暢，對方的短勁總容易難損傷自己，或者導入的長勁無法有效地與地力相接。因為對手施勁點是在我體內，若要把他的來勁沾黏住並且引導入地，就必須不避不躲，由自己身體當導體傳導至地面去，並再藉由借地之力反彈回去。

應用得好的上化，對手一推你，就猶如對你施不了力一樣，對手是把力量打在地面上，但若對手也是同樣有整勁能力者，此時便只能比功力深淺，若自身功力比對方還淺，仍是會被發出，而且逃脫機會極小，少有逃脫機會是上化的另一缺點。

這便是孫子兵法之「以正合」，上化就如同兩隊正規軍在大平原作戰一般，雙方客觀條件一致無法閃躲，只能硬碰硬，誰能先擊潰對方，才能獲勝，這時候比的可能已經不是戰術、技巧，而是軍隊的作戰實力，在太極拳的表現上，則是比彼此內勁。

太極拳八勁法中的「掤、擠、按、肘、靠」等五勁，便是應用上化之後的表現手法。

掤勁槍勁互用

至於下化則屬於較冷門的手法，因為要把來勁化至地上，但是不同於導入地面，難度較高，而且仍容易波及己身，被對方劄根，不是容易實施之化法。

不過，就是因為不易使用，外人能見到者極少，反而可在應用之時，收到驚人的逆轉效果，太極拳八勁法中的「下採」勁，以及「槍勁換掤勁」時，便可以歸類於下化的手法。而且下化可與側化結合，形成一種一半側化、一半下化的混合採攦勁，對方總會以 45 度角的位置跌出，也不失為上策。

另外，遇到雙方比內勁時，若能適時以槍勁輔佐掤

勁，由上化反打對方變成下化時，亦可稱之為下化之進階版。若遇到雙方勢均力敵，雙方互拼根勁，都是讓中不讓地；這時候，我們若大膽捨去讓中不讓地，瞬間全力改攻對方中盤以至於上盤，則可收到奇兵之效。

用法是以槍勁之靈活與爆發性，在雙方互比根勁時，瞬間改攻中盤或者上盤，則對方突跌入我之下，原本他可以拔我們根的，卻由於我們搶先一步用槍勁頂到對方中盤之上，讓對方僅下半身前進，中上盤反而被我們槍勁頂出，由於槍勁配合對方之根勁，雙方一碰之下，對手剛好被我們頂翻，此動作亦等於同時用了「下化」與「反擊拳」二法，反將了對方一軍。

不過，這屬於危險之舉，非能手者無法用出，一要包住對方之掤勁，另一則要頂出對方之上虛處，應要與熟悉內勁運用之人，雙方常練習方能上手。不可只意會便貿然使用，因為這掤勁與槍勁的轉換，也是需以「相濟性」的轉換，而且是快速的相濟，不可突然從 1 變成 0，否則，若做的不順，到時候不是把對手頂翻，而是被對手給拔根打飛。

太極拳八勁的化法，非絕對僅歸屬於單一種化法而已，例如「挒」勁的代表動作「斜飛式」、「野馬分鬃」，皆隱含上化與側化兩種化法混合。另外「採勁」的代表動作——雙翻掌，也隱含側化與下化兩種化法。

以上的上化、下化、側化三大類型化法，其中以上化為勁法中為最重要的正面攻擊化法，練好了上化，等於有了正規軍可以作戰，這時再練游擊隊式的側化便容易駕輕

147

就熟，練熟悉了上化、側化後，才能再深入研究下化，便猶如熟讀兵法，戰術詭變也能以寡擊眾。最後便可以進入混合化勁，能夠混合化勁後，便是吳式太極中所稱之為的「亂環」。

左纏右纏上纏下纏之勁

要讓別人聽不到勁，就需把勁的變化藏在腳底下，搭手時只需鬆身對應即可，這就是我們在書中前文中所說的「上盤從頭到腿，下盤僅剩腳根」之意。

上身雖然鬆柔，但卻可以在想要用勁時，便立刻能整勁瞬間用出，而且全身勁若能整勁成一束的話，這勁打在對方身上，便會大的驚人，正所謂「捲之則藏於一粟，放之則彌六合」。

在上篇中也說過「沒有化就沒有發」。所謂的化，若以廣義而言，可說是避掉對方主要來的力量，並切入對方空虛之處。而一旦找到空虛之處後，自身的勁源便要能馬上吐出，才是「化」的重點。否則，若只知道對方空虛處，摸到了卻無法切入，打不著人，和直接跑走的丟，又有什麼差別呢？等於買了一張中了頭彩的彩券，卻是在中獎後遺失了一般，所有聽勁、接勁、化勁功夫都白做了。

而要能在第一時間便切入對方空虛處，就必須一一把「左纏勁右纏勁上纏勁下纏勁」等以上四勁給練好，方能在搭手時應用揮灑自如。

拳論上說「左重則左虛，右重則右杳」，是指聽勁的

功夫，以鄭子太極拳而言，一律以鬆身應對，一鬆身，對方摸不到自己的重心，自然左重則左虛，右重則右杳。甚至對方左右接踵而來，對方身形也立刻會變成上重而上虛，他上重則是我們的下實，下盤便變成我實他虛了。

而「左纏勁、右纏勁、上纏勁、下纏勁」在對方來勁撲空之後，便隨即出勁，自然能達到黏即是走，走即是黏。陰不離陽，陽不離陰，陰陽相濟的境界。所謂的「左纏勁右纏勁上纏勁下纏勁」可以分為「左纏勁、右纏勁」、「上纏勁」、「下纏勁」等四種勁法來分析。

何謂「左纏勁、右纏勁」？左纏勁即是由左腳為根源發出的勁道，透過左腳掌、左小腿、左大腿，通過腰胯、丹田（核心肌群）加乘效果之後，經由「X」型的傳導，再通過右肩三頭肌、右前臂放之於對方身上，由於路徑是人體中最長，等於是力距最長。再加上，沿路把腳底到手臂其他短勁都加諸於根勁上，如同長江黃河，效果加乘下的整勁，縱使在傳導時有些勁稍微流失，效果仍然非常巨大，這便是左纏勁。

而同理，右纏勁就是由右腳為根源發出的勁道，透過右腳掌、右小腿、右大腿，通過腰胯、丹田（核心肌群）加乘效果之後，經由「X」型的傳導，再通過左肩三頭肌、左前臂把勁發放於對手身上。

「左纏勁、右纏勁」這兩種勁的可貴之處，就是透過身體「X」型的傳導，達到人體最長的力距，在槓桿原理的作用下，自然力量也是非常可觀的。

上纏是以後腳為根源，勁源從後腳出，走到身體時，

149

勁走背脊，透過肩膀、手臂時，勁是往回拉之姿，如同在身體上走了一圈由下往上再拉回的圓。若已搭手，之後是「採、擺」二勁的勁源，若未搭手，即是挒勁的根源，挒做的好，便會如同是用粗鞭子打人一般，挒在對手身上愈末端愈強。

下纏與上纏走法相反，同樣是利用到後腳的勁源，但是要陰陽轉換的把勁源渡給前腳，等於是前後腳合作的混合勁源，勁的走法是兩腳合作使出混合勁。勁走入身體後，此時走丹田不走背脊。這時候丹田的感覺便是「氣騰然」而非聚力在丹田。透過丹田勁走身體前面，與上纏走身體背後是不同的。

由於勁走前面，再加上雙腳陰陽相濟，搭手的時候，便能潛入對方之虛點處。一到虛點處，前腳便纏勁向上，對手往往會被此勁給上擠而推翻、推飛，下纏適用於掤勁與龍勁兩勁。

化勁練法　一點即化

本課程的化勁習練，首先是雙方得先要練到「有勁」後方可施實，也就是說，在前面幾堂課中若還未練出內勁來，那麼，此時若學化勁是毫無意義的。因為化勁是要「以勁化勁」，必須得搭手雙方都要有了內勁，方能練習，練習的重點在於上化與化勁之後的纏勁練習。

要上化等於是要練根勁與鬆的配合，也就清分自己上下盤勁源的「主客關係」。在課程中仍是以雙方搭手練習

為主，由一方發勁另一方則聽勁、化勁。

　　一般而言，學員的根勁功力尚不足，會僅要求學員一聽到勁便發化，也就是先求堅守自己的「臨界點」，別讓對手推過臨界點即可。

　　而若由筆者化勁，會示範任意的接勁、化勁，讓學員自由推、自由發勁，筆者只接化而不還發。如前文吳鑑泉與其學生推手一般，因為這樣的程度是未來學員必須要學到的程度，唯有達到能任意的接勁化勁，方能提升自身勁厚度與感應能力。

　　若僅滿足於一聽到勁即化即發，則會讓自己陷入小成就而不進步。但是若在一開始時，學員便能體會到一聽到勁即發化，也是了不起的悟性，值得讚許。

　　正所謂千里之行，始於足下，有了一聽勁即化發的能力之後，只要再細心體會，便能從一點化勁變成二點化勁。很快的，在自己根勁功力逐漸增強下，長勁就會變得渾厚，未來就可以達到全面性的自由接勁化勁了。

　　「偷半步」之雙曲步是搭手後最理想的化勁姿勢，能
化掉對方之來勁，都是上盤的鬆沉以及雙曲步的根勁。

第十課

練發勁

　　終於到了發勁的課程，前面的九堂課程，築基、找勁、練勁、養勁、化勁……等，就好像是在辛苦賺錢、攢錢。到了發勁這一課程，等於到了怎麼用錢、花錢。

　　賺錢的目的，當然是為了花錢，人生若只賺錢不花錢，就變成賺錢機器，只是一台印鈔機而已，錢也賺的太無聊一些吧！但是若只賺五毛便花一元，最後將負債累累，自食惡果。所以，為了要讓人生有意義且快樂，我們才把發勁的課程，壓到第十堂課程上教。

　　若一開始便先教發勁，筆者可就可以發人發的過癮，來一個發一個，來兩個發一雙，但這只是滿足教者個人的發勁慾望而已，對於來此學習的學員來說，一點幫助也沒有，就算跟著學十年，還是一樣發不了任何勁；一來，學的人就算是姿勢對，所發的勁也不是勁而是力，二來，沒勁硬發容易傷身，就像賺五毛花一元一般。

　　而且勁除了可以發放之外，還可以兼具養身，練好了勁，如果一直不發，不實際應用也無傷大雅，反而可以替代人體逐漸衰退的力。

　　人自中年以後，身體機能逐漸走向衰退，力若退一分，則勁便可補一分，以補力之不足。也就是，在同一條肌肉肌腱上，肌肉逐漸萎縮，而肌腱彈力會逐漸替代肌肉收縮力。故就算不學發勁，學會了練勁、養勁，對身體也有很大的幫助。只不過，人不輕狂枉少年，年輕時花錢的快感，總會比老年時花錢要快樂許多，而且花錢時總比賺錢時要愉快一些，於是咱們趁現在攢到了錢，這就進入花錢發勁的世界去快樂吧！

勁之五驅

　　發勁前得先知道勁源，要知道勁從何來？又從何而去？以及要如何導用？了解這些細節之後，發勁時才能時時改善自身發勁品質，並深入探索其奧妙。人的運動原理也不脫物理學原理，想要動時，必須動能大於靜止時的阻力，故與汽車運動時相仿。若以汽車傳動結構來比喻人的勁力，亦頗為雷同。

　　一般自家汽車要不是前驅車，便是後驅車，也就是前輪帶動的車子稱之為「前驅」車，後輪推動的車子稱之為「後驅」車。另外，為了適應一些特殊地形需要，還有一種車款稱之為「四驅車」，四驅車就是四個輪子都能有自己的動力，甚至有些四驅車在行走於特殊地形時，會主動調配動力比例給四個輪胎，利用車用電腦調校到最理想的模式上。如在平常馬路行駛時，就把大部分動力集中在前輪以便省油，在崎嶇道路行駛時，則四個輪子同時發揮動力，若哪輪懸空了，也可以馬上把空轉多餘的能量，灌注到其他輪子上，讓車子不至於「失足墜落」，也讓駕駛汽車更有效率。

　　而太極拳的動力來源，是「勁」而非力，太極講究練勁不練力，而勁的產生，在於韌帶（筋）的伸展、收縮，也就是肌肉兩端之肌腱纏絲伸縮，與力是利用肌肉伸展收縮來產生力是不相同的。在人體裡面其實是一直存在著這兩種力源，只是肌肉伸縮是顯學，大家顯而易懂，看得

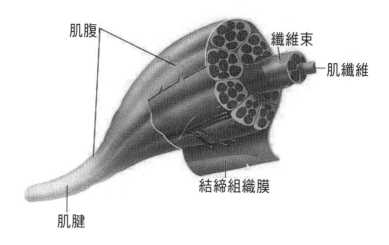

肌腹　　　　　　　　　　纖維束

肌纖維

結締組織膜

肌腱

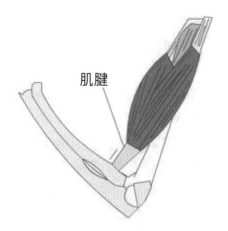

肌腱

　　上二圖為身體肌肉與肌腱（筋韌）的組織圖，從圖中可以知道，肌腱是擔任全身聯絡性的角色，也是真正串聯身體骨骼與肌肉的連接者，肌腱雖然沒有肌肉粗大，但其韌性卻可以負重肌肉所傳過來的龐大力量而遊刃有餘，故可知肌腱要比肌肉先天就強壯許多。

到、摸得到；而纏絲伸縮筋韌是隱學，看似只是輔助性的地位，卻扮演最關鍵的樞紐角色，沒有筋韌的傳導，肌肉的伸縮力根本無法傳導到骨架裡去，帶動身體的運動，肌肉縱使有再強鍵的伸縮力，肌腱一樣都能夠傳導過去，可見肌腱是一位隱世高手，是幕後的無名英雄，實力遠遠超越肌肉之上。

內家拳的奧妙之處，便在於發掘這位幕後高手，把筋韌單獨抽出來鍛鍊，進而達到驚人的效果出來。筋韌的鍛鍊從不讓人吃虧，只要正確鍛鍊本書以上九堂課程的勁法訓練，都可以在自己身上產生或多或少的勁出來。

若以身體軀幹來區分勁，大致可分為三個段落、五種勁源；三段分別為雙腳為一段，雙手為一段，與身體為一段，共三段；五種勁源則分別為「四肢勁」與丹田（核心肌群）、背脊的「身體勁」。五種勁源若作直線搭配，可分成根勁、腿勁走背脊至手臂。與根勁、腿勁走到腹部丹田傳導致手臂等兩種路徑；而若非走同一邊的直線勁，可以做出 X 形搭配（左腳配右手、右腳配左手）發勁、亦或者整合全身一體的整勁等應用方式。

長勁的方向：定勁、虎勁、龍勁、採擺勁

若論應用勁的名稱，可能有千百種以上的分別，又常常因門派而異，又有不同的勁法與名稱。不過，若歸根究底探討，勁的真正差別就只有「長、短」兩種而已。

能借地之力通過身體結合丹田、背脊者謂之長勁，故

長勁可以有「二合一」、「三合一」兩種，從腳到身體發出為「二合一」之勁，從腳到身體再到手而發出者，則是「三合一」之勁。而藉由本身部分身體骨架收縮，短靠、短發的稱之為「短勁」，而只靠肌肉收縮的稱之為「力」。力、短勁與長勁三種力源可以組合千百種拳路的變化，各家武術各有所長，但也各有所短。

太極拳兼重養生與武術，甚至把養生地位拉高於武術之上。故對「鬆身」與「借地之力」的長勁特別看重，鄭子謂：「吞天之氣、借地之力、壽人以柔。」便是給太極重養生下了很好的注解。長勁從借地之力出發，以陰陽相濟為開端，透過身體或手的傳導，可以有千變萬化的效果。就如同太極拳在清末民初之時就已經分出「陳、楊、武、吳、孫」五大家，開宗之陳式也有老架、新架，崩捶等拳架，楊家更有一百零八式、七十二式、六十四式、三十七式、二十四式等，另外筆者的根勁太極也有三十四式。外顯的拳法雖千變萬化，但總結應用長勁的「方向性」卻只有四種而已，分別為「定勁」、「虎勁」、「龍勁」、「採�勁」四種向性。以下便是其簡介：

（一）定　勁

定勁就是把對手的來力或來勁借由自己身體內勁路線傳導至地面，讓對手的勁走自己借地之力的路，只不過方向是相反的。定勁若應用的好，能讓對手感覺推自己，好像是推埋在地面上的大石頭一樣吃力，自己卻可以輕鬆自在。筆者在使用定勁接對方來勁時，往往對手推我推的滿

臉通紅，而我卻可以和他談笑風生。定勁與「根勁」的傳導路線原本就是一致，所以會了根勁，自然也會定勁，但接勁時勁的傳導方向恰巧是相反的，原本向上傳導的根勁，在定勁接勁上，恰巧相反從上傳導至地面。

　　一般而論，外家若推到善定勁者的感覺，就感覺自己好像怎麼使力推都推不動，又好像空有一身力氣，但就是使不出力來一般，筆者常戲稱這便是內家的「化功大法」，能化對方來勁於無形便是定勁，以向性而言，屬於向下之勁。

　　若定勁在把對方之勁傳導至地面後，再借地之力反回饋給對方，就可以從「化功大法」變成更高階的「吸星大法」，最後再變成「以彼之道，還施彼身」，吸收對方之勁為我所用反打對方，這可不是金庸武俠小說中的情節，而是太極拳的真實用法。

（二）虎　勁

　　虎勁是如同猛虎前撲一般的迎面撲撞過來的勁，使用虎勁時頗有萬夫莫敵的氣概，用到酣時，會有就算前面是牆也想把牆給撞開的氣勢。由於虎勁是直接向前衝撲之勁，以向性而言，虎勁是屬於向前之勁。

　　虎勁的用法，是典型的「三合一」勁，不同於定勁用到「借地之力」與「借人之力」，虎勁僅只用「借地之力」。但是由於它是「三合一」的整勁，故在氣勢上屬最剛猛之勁，被虎勁推到就猶如被火車撞到一般，善虎勁者一般對手是無法以採擺勁來破的，因為虎勁雖是迎面撞撲

過來的勁，卻因為它借地之力，是處於有根的狀態衝撞，凡能採擺者，皆是對方根已先斷，故若用採擺對付虎勁，用不好者通常會自己氣場先被撞扁，然後被撞飛。用得好者，也僅能全身退避而已。

（三）龍　勁

龍勁一使出來，便猶如飛龍升天一般，不同於虎勁的向前猛撲，龍勁講求的是讓對方拔根的效果，龍勁打到對手身上，便是要把對手直接拔根，打飛起來，因為龍勁是向上打的勁。由於龍勁是向上打的勁，以向性而言屬於向上之勁。在整勁的配置上，龍勁恰巧在定勁與虎勁中間，若定勁是「二合一」勁，虎勁是「三合一」勁，龍勁則是「2.5 合一」勁。因為龍勁除了也注重根勁的傳導之外，與虎勁的剛猛衝撞不同之處，龍勁還須注重上盤的鬆，唯有鬆才能做到「沾連黏隨不丟頂」。

因為龍勁需要在發勁時沾黏住對手，讓對手不能逃脫，若讓對手逃脫了，到時候升天的可就只剩下發龍勁的一人而已。如此一來，看似不周全，又難應用的龍勁勁法，其實應手時是很管用的，因為虎勁剛猛人人皆懂，反而讓對手先有了防備之心，但龍勁柔順靈活，看似破壞力不大；但是，一搭手便可竄地升天，總能鑽到對方的空虛處，發放對手，反而讓人防不勝防。

（四）採擺勁

採擺勁算是兩種勁法的合稱，不過方向性是一致的，

之所以把它們合稱，在於兩者是一實一虛互補之勁。採勁走實，攦勁走虛，它們的作用是讓對手往自己左右後方跌出、摔出。楊班侯口傳之八要訣：「掤要撐，攦要輕，擠要橫，按要攻，採要實，挒要驚，肘要衝，靠要崩」之中的「攦要輕，採要實」。便是「採」、「攦」兩個勁的實際用法，八要訣對於八種勁的定位非常恰當。

　　採攦勁屬於向後之勁，以向性而言屬於向後之勁。採攦勁亦是屬於防守之勁，二勁防守意味重於攻擊，縱使攻擊也是因為對方先攻擊之後才能攻擊。若對方未攻擊，採攦勁便先攻擊的話，效能是大打折扣的，如同雙方在拉扯一般。而採勁重實，故在使用時，愈果決效果愈好；攦勁重輕，在使用時愈輕靈愈巧妙，所謂的「四兩撥千斤」便是攦勁的代表效果。

　　總結以上四勁為「定勁向下、虎勁向前、龍勁向上、採攦向後」，在這四種勁法中，採攦勁屬於防衛後攻擊之勁，虎勁是屬於剛猛攻擊之勁，龍勁屬於柔順攻擊之勁。其中以定勁最為特殊，為太極拳所專有，是屬於「不爭不拒」之勁。「不爭不拒」是中庸之道，不主動攻擊別人，卻不拒也不懼別人攻擊，更可以「以彼之道，還施彼身」，別人的攻擊猛烈，還施彼身時對方自己也必須承受自己的猛烈攻擊；能否悟透太極之道否？功夫下的夠不夠深？就端看其定勁的功夫如何！

　　這四勁法原則上不會單一使用，必須同時搭配其他勁法，可以任意組合，亦可以作大小比例分配，最後搭配出許許多多不同名稱的拳（勁）法名稱。但歸根究底世上任

何勁法，都不脫這四種勁的組合變化。

搭手攻擊的順序─定勁、虎勁、龍勁

　　用以應手的勁法，依各家門派的不同，可以有上千種以上的變化。也可以分為向上、向下、向前、向後、向左、向右等分別。若先扣除用以「化勁」防衛的採擺勁之後。若想要在第一時間，從搭手、接勁、化勁到發勁，以最快的時間反擊，定然以「定勁、虎勁、龍勁」這三種勁的次序為最佳選擇。

　　定勁，用以接勁以及醞釀反擊之用。聽聞鄭子曾對弟子言，所有勁法中以接勁最為困難。因為接勁的成分，得包括「不被拔根、聽勁、不隨起舞」等三種作用。而光是練到要不讓對方拔根這部分，就得先下功夫，必須先把自己的根勁練的好，然後也把鬆身練夠了，這才能不讓對方拔根，不讓自己被打飛出去。之後才能談練聽勁，而聽勁部分，依自己與對方的程度不同，又包括了聽到對方全部重心就打，以及聽到對方部分重心就打，甚至一聽到對方重心變化就打的地步。其最高境界，是連觸碰對方都不需要碰到，光是觀察對方「氣」與「形」，就已經先聽到對方勁的氣場聽勁。

　　另外，定勁還有不隨著對方起舞的特質，既然叫做定勁，自然如腳底生根一般的穩固。心情與身形自然也要如老僧入定一般穩定，不但不能隨著對方起舞，甚至還跟隨著對方的來勁作出衍生勁。正所謂「一動無有不動，一靜

無有不靜。」而衍生勁又什麼？就是把對方的來勁，衍生成自己的根勁，對方的來勁愈強，自己的根勁反而愈穩，對方推自己就好像推著一顆光溜無比的石頭一般，勁小推不動，勁大反而對方自己會溜掉滑倒。這時身體只是一個傳導體一樣，用以傳導對方的來勁，並注入於地表面之下，一旦是這樣，對方又怎能輕易推開自己呢？

以上「不讓對方拔根、聽勁、不隨起舞」三項都包含在「定勁」裡面，有了以上三項的定勁，還需要有醞釀反擊之能。這反擊之能是醞釀在聽勁之間，聽勁除了聽之外，再來當然是要「用」，而醞釀反擊就是「用」。就像是手槍的板機一樣，板機一動，整顆子彈的能量就瞬間爆發出來。

定勁有了以上這些之後，才能算是完整具全的定勁。一旦定勁練到手之後，與他人接手，定能愉快從容，漸至從心所欲。

定勁雖然難練，卻也是太極內勁基本功中的基本功，一旦定勁上手，而且熟悉了定勁，想忘也忘不掉。這種感覺會終身跟著你，而且會愈練動作愈自然，假以時日就好像人的勁力天生就應該如此應用一般，定勁會成為身體的自然反射動作。

有了定勁，等於先讓自己立於不敗之地。再來，就是反擊了。文字敘述雖然繁瑣，但實際應用定勁時，卻也只在一剎那之間，甚至完全不用思考，來多少就應多少，已渾然天成於一身。

定勁定住形勢之後，等於掌握了主導權，有了主導權

之後，要用什麼勁來反擊呢？便是用「龍虎勁」來反擊，何謂龍虎勁？龍虎勁是虎勁與龍勁的組合，兩勁熟練之後，可以合而為一，讓龍虎同存於一勁之中，乃謂「龍虎勁」。

前面說過，虎勁是向前之勁，而龍勁是向上之勁。若遇到對方是柔身者時，只要用虎勁就可以把對方給吃定，如同猛虎撲羊。虎勁一出，就是要把對方打的往後倒下或彈走。不過對方未必會飛起，因為虎勁是向前之勁，不是向上之勁，雖剛猛卻不講究華麗。但是由於只撲不撐，故可以省下不少力氣，自身只需出一半勁，對方就已經被撲倒，消耗不了多少勁道。

而龍勁是遇到對方硬身者時的用法，對方若是硬身便容易抗，容易抗就容易頂，龍勁柔順的竄地升天之勁馬上能發揮效果，對方一頂我不丟頂，於是便溜到對方下虛點，對方馬上被拔根，龍勁可以自動找到對方虛點潛入，然後發勁拔根，是先「降龍在田」後「飛龍在天」，對方則成了「亢龍有悔」了。

龍虎勁配合方面，龍勁通常可以配合在虎勁之後，用以讓對方拔根。也就是以定勁秤到對方重心之後，以虎勁壓迫對方之「臨界點」，然後以龍勁潛入對方重心之下，並啟動向上之勁。但正因為龍勁是向上之勁，所以自然得先對抗大氣壓力與地吸引力，不過使用之時，卻是反借用對方給予的大氣壓力與地吸引力，讓對方失根。

鄭子曾說太極是「吞天之氣、借地之力、壽人以柔」的十二字箴言，若能把龍勁作好，就能完全體現這十二字

箴言的真諦。因為龍勁要潛入對方重心之下，故要用柔，用柔才能潛入對方之下，如同水一般的柔，一柔就全部潛入對方重心之下，而潛入對方重心之下後，就反借用大氣壓力與地吸引力，讓對方重心不穩，通常是讓對方重心朝前，對方朝前則失根，這時我們就如同推起了一個頭重腳輕的人，又如同推一個頭下腳上反擺的不倒翁一般簡單，這時再應用從根勁串起來，以纏絲勁收納全身短勁的整勁，把勁從腳底傳導到手上發放在對方身上。對方被龍勁打的結實，往往朝後朝上飛出，旁人看來，也就正如發人如掛畫一般。

龍虎勁並非單一使用，也非先後使用，而是兩者混合使用，有時龍的成分多些，有些時候虎的成分多些，得看對方的「斤兩」決定。而對方的「斤兩」也是瞬間秤出，自己身體會在瞬間反應使用龍虎勁的搭配比例。課堂中只是為了解釋龍虎勁的奧妙，才不得已分開解釋分析。

真的龍虎勁在真正使用時，是瞬間即成，絕無須腦筋考慮，而是使用者潛意識的直覺反應，若等到想到怎麼搭配才打，就已經是第二時間，落入下乘了。故用龍虎勁者往往自己還不清楚如何應對，對方就已經被打發出去了，這在許多從清末至今的太極拳公案上，都是這麼記載的，便可證明並非虛言。

發勁的種類：槍形、刀形、掤形、纏絲、鬆沉、封勁、亂環發勁

發勁的種類包括：槍形發勁、刀形發勁、掤形發勁、

165

纏絲發勁、鬆沉發勁、封勁發勁、亂環發勁。在搭配以上四勁的組合之後，在第十課的課堂中，便會以混合勁的方式介紹發勁的方式，這些混合勁其實在太極拳架之中也可以看到其身影，因為練拳如同臨敵，是所有內外家拳法的要訣。但在第十堂課程中，為了要凸顯其發勁法，才單獨拿出來介紹。在所附的光碟影片中也收錄了槍形發勁、掤形發勁、纏絲發勁、鬆沉發勁、採擺發勁等五種勁法，讀者可以參考，以下便是發勁種類的個別介紹：

槍形發勁：

所謂槍扎一點，刀劈一大片，故發勁的前兩項「槍形發勁」與「刀形發勁」不同處，也如「槍扎一點，刀劈一大片」，一個是打一點，一個是打一面。槍形發勁主要是要把對手向後發出，槍形發勁以「後腳」為勁源，讓腿、腰、肩、手等勁陸續加入成為一直線傳導（非視覺上的連接成一直線），當一直線對到對方可扎實之點時，即可發勁。由於只扎一點，故力量極大，被扎到者想要力抗是不容易之事，除非根勁與掤勁勝對方甚多，加上鬆柔化勁，方能把來勁上化或者導入地面借地之力以抗，否則，被槍勁扎到者身形總會往後退卻，臨界點已破，而且槍勁大多扎在中盤以上，不容易導入地面是極為剛猛的勁法，故槍形發勁是典型的虎勁。

改良型的槍形發勁：

槍形發勁容易成弓箭步，一旦成弓箭步便失去其靈活度，故改良版的槍型發勁，是把後腳弓箭步往前內縮，但前腳角度與身形要維持不變。只要前腳角度與身形維持不

變，便可維持與前弓後箭一般的虎勁，而且多了可以向前繃彈的空間與向上的龍勁機會，如同把槍桿先彎曲待命扎人一般。這樣一來，不止利用到了楊家「偷半步」的秘訣，身形變靈活之外，亦同時保有槍形發勁的威力，是槍形發勁融合楊家秘訣的改良版，屬龍虎混合勁。槍形發勁在拳架之中所錄甚多，凡出掌、出拳之架式，如：擠式、按式、倒攆猴、迎面掌、托顎掌、大悲掌等任何以單點擊發對手之式，皆可歸類於槍形發勁的體系當中。

刀形發勁：

刀劈一大片，故知刀形發勁便是以左右橫掃、上下打翻，以打一大面的翻打扭轉為主。刀形發勁亦可稱之為環形勁，主要以圓化直，講究不與之正面衝突，並以側面伏擊為主。拳架中的攦式、捌式、野馬分鬃、斜飛式、抱虎歸山、雙翻掌、白鶴亮翅、海底翻花等都是刀形發勁的代表。刀形發勁以左右、上下的擰扭翻轉為主，避掉對方來勁的重處，打入對方身形的虛處，讓對手翻飛起來。做得好的刀形發勁，不但可以攻擊，亦兼具防守，是攻守兼具的型態。它可破壞槍形發勁的單點扎入，讓對手發勁扎入時被引進落空，其最著名的招式便是太極四勁中的攦式、採式。刀型發勁亦可成為攻擊形的手法，如捌式，好的捌式打到人如同鞭子鞭人一般，而捌式不但可以單邊捌鞭，亦可雙邊捌鞭，由左右手一次打兩面，如鶴拳中的白鶴亮翅，一招中可攻亦可守。

掤形發勁：

掤勁式的發勁，最主要的作用是用在拔對方之根，屬

拔根勁的一種，與槍形發勁不同處，在於掤勁加上了前後腳的陰陽轉換，故能達到拔根的效果。掤形發勁再輔佐以後腳的纏絲勁為作用，扭轉翻揚向上，翻轉之纏絲勁可爆發在對方身上，對方退一分，翻揚就上一分，對方則上浮一分，對方身形愈退，其臨界點會在不知不覺中便被壓縮拉近而不自知。故當對方以為自己臨界點未到之際，殊不知，因為越潛入對方低點，臨界點已經悄然被我所破了，這時便要讓對方身體吃足纏絲勁，進而拔根而起。可做到掤勁發勁之招式為掤式、按式等。

纏絲發勁：

纏絲發勁其實是存在以上任何形式的發勁當中，但亦可單獨使用，若把刀形發勁之環狀勁，稱之為外環的話，纏絲發勁便是內環。纏絲發勁是從內在旋轉螺旋而上，在型態上與對手接觸時，不同於刀形發勁會有身體的扭轉、搭手的接觸點變化；纏絲發勁可在與對手接觸點上，做到搭手狀態完全不變的境界，僅靠著體內螺旋而上的內纏之纏絲勁催動整勁勁力，瞬間抖發於對方身上。由於與對手的接觸面上未變化，對方縱使反應好、聽勁佳，也難以察覺，通常都只是在我們身體一晃動之間即完成。一晃之間纏絲勁即由腳而腿而腰，至胸至臂，藉由纏絲的螺旋性沿路收納身體一連串的短勁，終成為長串的纏絲勁，進而成為整勁發出。由於是借地之力，又是一連串的身體勁串連，故勁力渾厚，是極深奧的發勁法。熟練纏絲勁，纏絲勁將渾厚難禦，又難以察覺，是太極拳者的秘密武器，會了纏絲勁後，太極內涵可提升不少。

鬆沉發勁之四境界─鬆、沉、圓、整

（一）鬆沉發勁

鬆沉發勁是熟練「槍形發勁、刀形發勁、掤形發勁、纏絲發勁」以上等硬性發勁後的發勁境界，在用法上，屬於另覓途徑而達到的另一種發勁模式。亦可說，在硬式發勁都熟練之後，自然而然會漸漸走上鬆沉發勁的路子上。王宗岳《拳論》上說：「由著熟而漸悟懂勁，由懂勁而階及神明，然非用力之久，不能豁然貫通焉。」鬆沉發勁可謂懂勁之後必走到的模式，若懂勁後走不到鬆沉發勁，則此人非真懂勁也！

鬆沉發勁其步驟即是「鬆、沉、圓、整」四項要求，「鬆、沉、圓、整」不但是打拳架時要求的精髓，更是鬆沉發勁的四大步驟。以下是其步驟之分析：

鬆：鬆沉發勁是與對方搭手瞬間，與對方所觸碰之處都需要鬆柔，似乎只是輕輕拂過無法打人一般，要不與之抗，便是所謂之「鬆」；此時己身下堅上鬆，對手會感覺雖鬆卻不易推入，縱使推入也感覺如墜入五里霧中，跌入棉花堆裡一般。鬆是太極拳的秘密武器，太極拳早有棉裡針、棉花裏鐵球之稱，這便是鬆字的功勞。

沉：「鬆」字訣做到之後，下個步驟便是「沉」字訣，自己鬆則對方便會顯現硬，而自己沉則對方便顯浮，有了鬆沉之後，對方一搭手便猶如無依無靠，自然落空，

沉字訣的要求便是要讓對方「引進落空」，李亦畬的名言「沒有引進落空，沒有四兩撥千斤」，要讓對方引進落空，便要「沉」。沉勁之作法是向內沉、向下沉，向內沉求穩，轉來勁，切入彼之低點，用以接勁。向下沉是尋根、找發，拔彼根，用以發勁，另外，若兩者混合則是穩中尋機。在腳掌上的變化是，當向內沉時，腳掌是向外沉，當下沉時，腳掌是向後沉，腳掌的變化是沉勁的主因，而其方法全是在腳掌的 1234 點中去變化，而非身形變化，若必須在身形作變化，則已落入下乘。

圓：引進落空之後，自己氣場的上方必定受到對方壓迫，但己方可以利用自己氣場上方被壓縮的推力，更沉入對方的下方。如同氣球膨脹一樣，氣球上方被壓小，下方必然膨脹，此時氣場成為「梨型狀」的氣場模式，這時只要把氣場再度恢復成圓形，對方之根必定被推上浮，至此必定已搖搖欲墜，再來便可交給下一個步驟「整」；潛入對手下方，然後膨脹，便謂之「圓」。

整：整是指在切入對手下方膨脹後陡然而升，瞬間整勁，我在對手下方一整勁，對方勢必動搖，勢必被拔根，此舉動謂之「整」。己整則對方或散或浮，對手形態若散亂則易受傷，而對手形態若整，由於我在他下方整勁，對方之根勢必被我給推浮起來，等感覺到時，對方已然被發出、被拔根了。

以上是「鬆、沉、圓、整」的作法。

要做到鬆沉發勁，便是要在搭手瞬間，能馬上反應出「鬆、沉、圓、整」四字訣。四字訣看似繁複，要求也頗

多，但在使用之時，實則瞬間反應而已，一搭手鬆沉圓整立即便成，對方立刻被拔根而起，不需用到採攦等式去引進落空，因為我一鬆，引進已完畢；我一沉，對方立刻如落入棉花堆中，便是落空，對方無著力點不可自拔，我一圓整，對方將任我拔根。

「鬆沉發勁」是楊式太極歷經三代，傳至第三代宗師「澄甫」之後的絕活。楊家第三代宗師澄甫聰明過人，父親死後方用心太極拳，而自悟太極之鬆沉發勁，與其爺父叔輩時的太極拳已明顯不同，可說是另闢一太極拳坦途。會鬆沉發勁者，以上許多硬式勁法，便相形遜色，均可收而不用，是為高明的發勁法。

（二）封勁發勁

封勁發勁為先發制人之勁，通常得在練到氣場之後，才能使用的勁法。練到氣場後，便能做到「彼微動，己先動」，聽勁會異常靈敏。甚至對方只是思想一動，自己便可先封住對方活路，氣場寬闊者能自然知曉對方的變化，而先發制人。

要達到封勁發勁，通常其用法是在對方來勁未觸己身一寸之際，自己的先行勁便在該處爆發。對方一來，等於前來送死，一寸爆發便可讓對手來勁使不出來，有被封鎖的效果，故稱之為封勁發勁。

封勁發勁可存在於以上任何勁法當中，只要在對方未發勁之前一寸時發勁，皆能破壞對方發勁的完整性，是我獨知人，人不知我，我先發制人的發勁境界。

（三）亂環發勁

封勁發勁是制敵於先，亂環發勁則是制敵於後。雖「制敵於先」是所有太極發勁攻擊的前提，但若已落後於對手之後手時，便要以亂環發勁應對。亂環發勁以「亂環」搭手，讓對手感受不到應手重點，任何來勁都會被圓環給化掉。何謂亂環？因為圓環可上下、左右、正斜、大小、輕重、圓橢等變化，故稱之為「亂環」。亂環發勁的用法，首先要學習「不丟頂」的溜勁，手被制住則腰變化，腰被制住則身形變化，身形被制住則根勁變化，根被制住則手又可以變化，所謂「擊首則尾至，擊尾則首至，擊中間則首尾皆至」讓對手抓不到自己的窒礙點，一旦對方出現「呆滯」狀況，立刻出勁攻其虛點，故曰「亂環發勁」，是「棋逢敵手」時之應對方法。

（四）內勁的單練式

以上發勁方法介紹完畢，至於單人時的勁法的鍛鍊法，筆者也特別錄製了影片，收錄在本書所屬的光碟片中，以下便是其單練式的解說。

單練式包括：掤樹、單腳掤樹、偷半步、纏絲彈抖、採擺變龍虎（誇張式），由快勁練到慢勁（勁力愈加渾厚）

掤樹：想要練到太極第一勁掤勁的快速方法，便是掤樹，把樹當成練習對手，以「勁架子」去掤樹，由於樹是最能利用根的生物，與它對掤，自然佔不了便宜，但卻可以在每次的掤樹中，從反彈勁中再借得來勁，然後再反

　　上二圖為左右掤樹式示範圖，掤樹不只限於樹，做順了，掤柱子也可以達到同樣效果。

打回去，可以一次比一次更強的掤出。所以，掤樹不但可以增強自己的整勁外，還可以熟悉「借地之力」的感覺，是很好的單人練勁方式。

　　單腳掤樹：會了掤樹技巧之後，便能練得掤勁的整勁，而想要練得長勁且渾厚的纏絲勁，便要練習單腳掤樹。這掤樹的對象不一定非要樹不可，柱子、牆角等皆可。單腳掤樹的練習，最主要是要學員感受到纏絲勁的傳導，從腳而腰而手，練時身體要上下騰挪，以便帶動腳底纏絲勁傳導時收納全身短勁成為渾圓整體一勁，發在樹上。久練之後，身形微抖即可達到纏絲發勁的效果，而且也非一定要單腳才能發勁，雙腳反而更穩，只是若練習雙

　　上二圖為單腳捆樹示範圖，正確練法是從圖一過渡到圖二，再過渡到圖一姿勢，其中有捆住微蹲的螺旋發勁姿勢，正是鍛鍊纏絲勁的螺旋上升力，常練此式，纏絲勁便會在不知不覺中上身，成為一生中不可或缺的勁源。

腳的發勁，可能會與雙腳捆樹發勁混為一談，故特別在此分開，以單腳練習讓習者知曉其中差異。

　　偷半步：把槍形發勁的弓箭步，後腿箭步向前進半步，成為雙弓步。其要求重點，在於除了後腳之外，其他身形不可變也不能變。訓練偷半步的目的，是改良弓箭步的僵化。偷半步之後，由於身形依舊，後腿如同彎曲的槍桿，彈性力變得更強，卻仍有弓箭步的強大支撐力，勁力依舊渾厚，而且由於後腳已收回，還更多了靈活應變能力。

　　上二圖為偷半步示範圖，第一圖與第二圖之間的差別，在於後腳的「偷進」，要想維持偷進，身體其他部位都不能改變，尤其是身形部分。否則，便容易被對手發現，變成偷雞不著蝕把米。更重要的是，偷步之後，從弓箭步變成雙曲步，後腳如同彎曲的槍桿彈性力更強之外，還更多了彈性靈活的空間，才是其真正目的。

　　纏絲彈抖：纏絲勁是內纏之勁，故練習環形勁之時，要把外勁收斂成內勁，從腳底內彈抖出去，要知道自己的勁是不是內勁，只要看手的接觸型態有沒有改變。若發勁時手形會變，是外勁，要能不變才屬於內勁。

　　採擺變龍虎：從採擺到龍虎式，是一式便把三種勁法一次練到，一開始是先採擺式，之後再以龍虎式發出。把採擺變成龍虎，要以誇張的動作作出來，目的不在攻擊而

　　上二圖為採擺到龍虎之誇張式示範圖，一個動作便包含了採擺、龍、虎與三勁法的使用；熟練之後，對於勁法的流暢性有很大的幫助。

是要讓自己確實感受內勁的傳導是否有纏絲、抽絲感。

　　由快勁練到慢勁：雖然快慢兩者都是整勁，不過快勁短小，慢勁則能渾厚，快勁易閃、易接，慢勁則不易閃、也不易接，慢勁如同翻浪來襲，又如推土機鏟土，其勁渾厚不可抵禦！所以，練拳不可求快，而是要求其渾厚。能渾厚，縱使別人是快拳也必須配合你的慢拳速度。因為鬆推是高級的推法，硬推、剛推是中級的推法；慢推是高級推法，快推是中級推法。

練前龍後虎

學習了內勁學的十堂課程之後，只要程度是在中等之上，肯用心揣摩，認真練習者，一定可以摸到內勁的奧妙。再來的課程偏向於實用、實練時會碰到的狀況，當作課程的主軸，讓會員能學到體悟之法，也能學到應用之法，最終達到「體用一致」的目標。以後甚至行走作臥都可以不離太極陰陽之道，上班、上學、睡覺、吃飯也都可以練功！

你要給你，咱打咱有

楊式太極創始人楊露禪與兒子楊班侯，兩人與他人比拳、教拳一生從未遇敵手，故被當時人稱之為「楊無敵」。這段公案在太極拳的記載裡，幾乎眾人皆知。楊露禪武功雖強，但他真正有留傳的練法、口訣，卻猶如鳳毛麟角般稀少。後人只能從楊家二代、三代所流傳下來的拳架、口訣中去體會楊露禪的拳風。根據民初時太極研究者顧留馨與朋友的書信往來，曾提到「你要給你」、「咱打咱有」這兩句，是由楊露禪孫楊澄甫親言，出自楊露禪在教導兩位兒子推手、搭手時，常掛在嘴邊的兩句話。

筆者教導內家勁，在搭手時也常常引用這兩句話，因為這兩句話簡單明瞭，又很有古樸的風味。「你要給你」就如同王宗岳《太極拳拳論》提到的「捨己從人」境界，捨己從人比較創新、比較優雅，屬於文人的說法。而「你要給你」則是很口語性的說法，屬於練拳者的話語，其意是不要「抗、頂」，要因應變化，做自然調整，才能做到

第一時間的反擊。

　　「你要給你」用在兩人搭手時，同樣可以是一項很重要的心理建設，但是你要給你並不代表就是「全」給你。若連本連根都捨得給，一旦連根本也捨了，就會被對方給「全碗端去」了，自然無法勝人，故你要給你，自然還是有所保留。

　　是如何取捨呢？「你要給你」其實是我們書裡面常說的「鬆」，至於「根」嘛，當然是要留著自己用嘍！留著自己的根，便是下一句「咱打咱有」的真意。楊露禪說的「你要給你，咱打咱有」，也等於是書中所倡導的「鬆」與「根」。「鬆」與「根」結合後，就是「你要給你，咱打咱有」，會了這兩句即可應付對方的抓、扭、抱、打等攻擊，這些攻擊只要有鬆與根同樣都可以從容應付。反而可以趁對方抓扭抱自己時，順勢發勁，用鬆去引進落空對方，用根勁去發放對方。

　　太極八勁「掤、攦、擠、按、採、挒、肘、靠」中，往前之勁就有「掤、擠、按、挒、肘、靠」六種，只有「攦、採」兩勁是往後、往下、往旁之勁。故太極八種勁法裡面，大部分還是以發放為主，而以攦、化為輔。

　　目前大多的太極拳者，卻多以走化為主，發放為輔，有些人甚至完全放棄發放這塊領域的習練，實在曲解古典太極的意涵！要知道想要對付他人若全憑走化，在功力上可要比對方高上數成方可制敵。但若同時有走化、發放這兩項技能，縱使對方功力高你數成，亦有機會取勝，因為你有兩樣武器，可以變換使用，別人在琢磨的同時，正是

你反用另一武器之時。

打個比喻，若在柔道比賽中，比賽規則改為可摔亦可拳頭攻擊的全面打法，那麼，若你還死守只摔抱不打的舊規則，豈不是要吃大虧。還沒沾身便吃上別人一頓老拳，甚至，若拳打在要害上，還可能直接被人打倒在地，連還擊的餘地都沒有。

所以，想要制人而不受制於人，除了要「你要給你」之外，還要配合「咱打咱有」這一句。兩句合起來才是完整的一句。若要簡化，便是我們說的「鬆、根」兩字。就好比一棵樹，樹枝、樹幹被外力推動，它就順勢彎曲，但它的根基還在不會傾倒，一旦外力解除時，樹幹便順手反打一把過來，也就是「引進落空合即出」之意。故「你要給你」下一句，當然就是「咱打咱有」，用自己有之陰陽相濟去轉移實腳，讓對方拔根，一舉把對方發出。才是楊露禪口頭常說的「你要給你，咱打咱有」的真意！

發勁只在 1 ～ 1.5 之間

太極快不快？以拳架來論，應該是全世界最慢的拳，太極也因此成為全世界最好識別的拳種。但是若以實際應用而言，太極拳應該是全世界最快的拳種。

何以說呢？因為太極拳在實際應用中，以講究接勁，不講閃躲為原則。在聽勁接勁的一瞬間，甚至無須接觸便已先發勁，處處可以打在別人要害上，故可以說是最快的拳術。

　　一般的對打反應，應該是對方來一拳，我以閃開或格擋或採扣回應，然後再還回去一拳、一腿，或數拳數腿。這一來一往之間，在時間上，我們便把它稱作「1、2」時間。但太極不講究閃躲，講究以接勁應對，故在與對方一接觸的接勁瞬間，也就是 1 之時，便已經先產生拳路上的變化，而在 1 未到 2 之間，高段的太極拳訓練者，就已經能夠發勁，這發勁便是只在 1 ～ 1.5 之間。可以令對方應接不暇，破壞對方原有的身形架構。對方攻擊防守的如意算盤，會被太極拳的應對手法給完全破壞，因為太極拳是不與對方玩對方節奏的，而是以自成一格，以快半拍的節奏破壞對手的節奏。

　　這節奏就如同變色龍的捕食模式一般，先以緩慢動作靠近獵物看似無害，可是舌頭卻可以「啪」的一聲，以 1/25 秒時間，瞬間完成捕食動作，當昆蟲可能還在悠哉休息時，看著似乎無害的變色龍緩慢前進時，卻在 1/25 秒後成為變色龍的盤中殮。又如熱帶海洋中一種性情兇猛，視力銳利的蝦子，其名為雀尾螳螂蝦。螳螂蝦攻擊時施展臂力可高達其體重之 2500 倍，而且攻擊速度為 1/3000 秒。其獵物大部分為底棲性的貝類生物，包括各種貝類、螃蟹、海膽等，由於牠們能夠輕易用其拳擊般的手臂擊破獵物的堅硬外殼，瞬間的強大爆發力，讓雀尾螳螂蝦成為熱帶海洋裡甲殼類、貝類的殺手。又如在荒野或叢林裡執行命令的狙擊手，他可能花數小時，甚至數十小時時間，慢慢爬上制高點，然後舉槍瞄準，一逮到機會，只須扣板機「碰」的一聲，任務便結束了。

　　以上這些例子，都是大自然在物種演化下的成功模式，其共通規則是看似行動緩慢，卻可以應用秘密武器迅速做出強力攻擊，而且往往讓對手一擊斃命，毫無反擊之力，決不拖泥帶水。行動與攻擊看似完全不成比例，才是大自然的成功演化規則，會讓他人輕忽的行動，卻有讓他人無法抵禦的攻擊，才是成功的關鍵。

　　若套成目前商業成功模式而言，太極拳亦可比擬為市場規則的破壞者，新公司或新產品若想打進既有的壟斷市場，一定要當個市場破壞者；例如蘋果手機破壞原有的手機規則，把聽的手機，變成可以用看、用手指滑與上網的手機，於是便把舊有按鍵式手機市場作出大洗牌，原先既有規則的受益者如摩托羅拉、NOKIA 等老牌公司便紛紛被打掛。太極拳就如同破壞市場規則，應手時破壞對手的節奏感，以為看似緩慢的拳，出拳卻成為全世界最快的拳，讓對手無法預防。

　　太極拳在行動上看似全世界最緩慢的拳種，其實是因為它在每一式中都是蓄勁待發，每一式每一招都可以發人打人，更可以在別人尚未攻擊到之前，先一擊制敵，或化解自身危機，實是武術中演化優異的拳種！

二打一　三打一

　　太極拳內勁若使出來，便一定是「二打一」、「三打一」的功夫，也就是兩個打一個、三個打一個的功夫。一般而言，平常人用力揮拳僅僅只能使用本身三分之一的力

量，縱使經過鍛鍊也僅能從三成增加至五成力量而已。而真正懂內勁的太極拳好手，卻可以發揮全身的勁力達到百分之九十以上實力，故太極好手打人與推手，便猶如是三個人打一個人，行話稱之為「三打一」。

　　為什麼呢？因為整勁，也就是整體一勁，我們說的「勁架子」就是要訓練我們隨時隨地能處在整勁狀態下，就算是被驚嚇也能在十分之一秒內整勁完畢，並且完成攻擊或防守，馬上進入三打一的境界。這是因為常練習整勁，人體便會習慣且認為整勁才是更佳的「出力模式」，故在遇到危險的瞬間，可以不經由思考，立即啟動整勁貫穿全身，故才能達到瞬間攻擊或防守的效果。君不見貓在被驚嚇到的瞬間，背脊、尾巴上的毛會馬上膨脹起來，身體看似立刻大上一倍，瞬間進入迎敵狀態，人體的整勁狀態也似乎與此效果雷同。

一體到位的整勁

　　勁若想要發在對方身上時，能讓對方感覺有壓迫性、有威力，甚至感覺難以抵擋的全面潰敗，達到「秒殺」的效果，就必須是「整勁」。若只使用身體某部分單獨的短勁，不但既短而且威力也只有整勁的數十分之一效果。惟有腳、腿、腰、手全部一次到位的整勁，才可以發揮自身十成十的威力。想達到十成十的效果，要打的漂亮，就是要整勁，而且要時時刻刻的整勁。

　　以移位的邁步而言，整勁的邁步前腳掌與腳跟會同時

落地，落地的速度快且無聲息，勁越整，勁若越整則越霸。當腳掌一落地時，全身勁也就同時到位，勁力已直奔到手上發出了。

練前龍後虎

熟悉整勁功用後，此堂課便是要從整勁中，再細分其作用，我稱之為「前龍後虎」。要知道長勁的發出，全由左右腳底的前後陰陽變化、勁源的分配而成。若左右兩腳同時併形站立，在型態上屬於雙重之形，《拳論》上說：「每見數年純功，不能運化者，率皆自為人制，雙重之病未悟耳。」雙重之形很難發出乾脆的長勁，雖對於太極高手而言，縱使雙重之形，仍可以從併形站立的雙腳中，製造出陰陽變化，達到外觀看似雙重，實質已經陰陽相濟，進而發勁乾脆。

但是，若腳掌併立不動，終究能清分陰陽的空間極為狹小，不易施行；理想的發勁姿勢，仍是需要一隻腳起碼跨出半個腳掌以上的距離，有了形體上的陰陽變化，方是最理想的發勁姿勢。

發勁時雙腳的踩蹬搓揉與最後虛實變化，便決定了所發出去的勁是屬於何種勁道。是定勁、是採擺勁、亦或是龍虎勁。定勁主要以先接勁為主，勁法先走向下，後走借地之力反擊對手。而採擺勁屬於向下、向後、向左右採扣擺避的勁法，主要用於採扣與走化對手的攻擊，屬於防衛型的勁法。

　　但若講求以攻擊為主的勁法，則以「龍虎勁」為代表。若以實腳所在的位置而論，是「前龍後虎」的分野。

　　也就是說，當最後勁發出時，若實腳是在前腳，則所發出的勁一定是屬於「龍勁」系統，也就是發勁發在對手身上，對手吃勁必定往上飄；而若最後發勁時，實腳若落於後腳，則發出的勁屬於「虎勁」系統，也就是讓對手向後倒或向後飛退的勁。我們依實腳所在前後的區分，稱之為「前龍後虎」。

　　「前龍後虎」只是對於攻擊長勁的一種粗略的區分，前龍雖然屬於龍勁，但是可以在陰陽轉變時，變成具有龍虎二勁並用的掤勁，掤勁雖也屬於讓對手上飄的勁，達到發人如掛畫境界，在表現上如同龍勁。但事實上，它卻是以虎勁為主體，龍勁為輔的勁法，由於充分利用到兩種勁源的陰陽相濟，以及比例分配，故掤勁勁法，在太極八勁中，被列為「太極第一勁」。

　　而「後虎」的典型代表勁法為「按勁」，按勁是太極八勁法中的第四勁，屬於全面向前攻擊的型態，按是按一大片，如同猛虎出閘，跳撲上來一樣。

　　另外，也可以把按一片的按勁，收縮打擊點至一點，成為極具強大威力的「槍勁」，把勁源收縮之後，槍勁打到對手身上，就猶如槍棍直接刺到對方的身體一般。雖然手掌不會直接刺穿對方，卻可以像槍棍一樣把對方給扎出去。而且槍號稱「兵器之賊」、「兵器之王」，善槍者可以把槍運化至神出鬼沒。三國時代的「趙雲」、南宋時期的「楊家將」都是使槍的好手，甚至於楊班侯也善使短

185

槍。一旦給神出鬼沒的槍扎中，就萬劫不復了，若把槍勁
練到如同實槍一般靈活，便往往可制人於無形之中。

練　法

（一）掤　勁

如同掤樹時，勁源先在後腳起，當運勁至手上時，前
腳便下沉，前腳下沉後，便如生根三呎一般，然後再借地
之力而起，成為龍勁勁源，再運到手上應用，此時手上便
有兩種勁源，呈現一向前一向上的雙重攻擊，若打在對手
身上，便會讓對手向後飛與向上飛。

（二）運用重點

身體與手只是雙腳勁的傳導工具而已，最多只是負責
沾連黏隨，不讓對手跑掉，手的本身不可太過用力，最多
僅可在適當時機，配合勁源再順水推舟的用上一些力量。
由於掤勁是虎勁加了龍勁，故在身體的走法是走腹部丹田
的位置，這與下面介紹的槍勁走法恰巧相反，槍勁在身體
上的走法，是走背脊。

（三）槍　勁

槍勁的勁源主要在後腳，另外加上身體的一張弓勁。
槍勁的打擊點是在手掌上，形態上雙手如同握著一桿槍一
般。而在意念上，無形的槍便是手掌與腳掌兩者之間的虛

擬一直線，身體則如同一張無形的大弓，發勁時以背脊為傳導，當後腳發勁時，身體背脊的彈抖便提供加乘的勁源。而在使用上，雙手掌就如同槍尖耍槍花一般，隨時都找到對方弱處，一有機會便整勁腿身手三合一的一槍扎入對方身體，是一種攻擊性極強的發勁方式。

（四）兩者差別

　　掤勁與槍勁實為一體兩面的勁法，主要勁源皆來自於後腳，其差別就在於掤勁先走根勁，後走上揚的路線，而槍勁是後腳發勁之後，一直走直線扎入路線，加乘背脊的彈抖力。所以在表現上，掤勁著重於拔根，而槍勁著重於直線扎入後的頂出。故被掤勁打到會向後向上飄移，被槍勁打到，像是被棍棒頂出一般，向後翻倒。也可說，掤勁打人較為溫和，而槍勁打人較為霸道。

　　若以角度而言，掤勁發人的角度，大致上會與前腳小腿的角度相同，而槍勁發人的角度會以後腳小腿的角度相同，若要求勁源整齊的話，便可看發龍虎勁時，自己的小腿是否與對手身體是否成九十度垂直。若成垂直狀，勁可以全發在對手身上；若小腿偏了，那麼，發勁也會打偏，易被化掉。

　　講完了腳，另外，這雙勁也講究手的狀態，若腳掌有1234點，則手掌同樣有1234點，掤勁的勁源發出點會是後腳掌的1234點踩蹬搓揉之後的纏絲勁，爆發出的點是手臂的抽絲勁或者手掌的34點，這時候手掌的12點是用來扣穩對方的；而槍勁的勁源發出點會是在後腳掌的1、

2點，3、4點有時候甚至浮起來也都沒關係，如發出點也是在手掌的1、4點，2、3點同樣是用來捉拿扣穩對方。

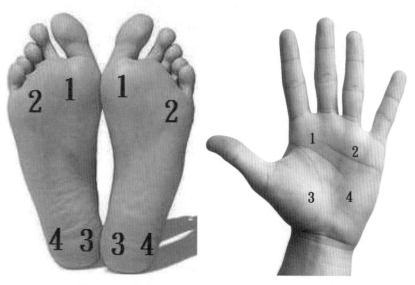

　　上二圖是腳掌的1234點與手掌的1234點位置，掤勁的腳重1234點的踩蹬搓揉，槍勁的腳重12點的扣蹦；掤勁的手重3、4點的托勁，槍勁的手重1、4點的放勁。

練破勁

力被勁破　勁被互破

　　勁是專門練來破力的，力遇到勁，就好像江河注入大海，溶入其中無影蹤。這是因為勁沉力浮，勁精鍊而內含，而力粗練而外放，兩者精密程度不同。又因為力只練到身體肌肉的收縮，而勁主練筋韌的纏鬆縮放，而且另外還配合上肌肉不動之力；故力打在勁上，如同單一伸展的肌肉，推在一個可與它相抗的不動肌肉上，並且另外還加上肌肉兩端可螺旋化力之筋韌力，自然討不到便宜。

　　但是勁打在力上，就如同雙螺旋力加一伸縮力的「三合一」勁打在單一伸縮力上，三個打一個，兩者高低自然立見。

　　但勁本身也並非無懈可擊，同樣是可以破的，本堂課程便在學到勁之後，再深入學習別人的勁要如何來破，亦可說別人會怎麼來破我的勁，知己知彼方能百戰百勝！

　　要如何破勁呢？前面課堂說過，長勁以方向性而論，可分「定勁、虎勁、龍勁與採擺勁」等四勁，各家各派的勁法合計沒上千種也有上百種。但是任何勁法，都不脫離力、短勁與四長勁的組合與變化。既然所有的勁法都是力、短勁與四長勁法的組合變化，只要找到源頭，同樣可以解決問題，力與短勁都可以被長勁所破，故我們只需再破長勁以及長勁與整勁即可。

　　四種長勁與整勁照樣可以破，勁能破力，故勁無法以力來破，相當的力是破不了相對的勁，因為勁沉力浮，浮

者無法破沉者。但勁雖較高等卻並非完美無暇。定勁、虎勁、龍勁與採攭勁四勁原本是單獨使用的；不過，由於用法過於單純，方向性太單一性，雖然每一勁都很強，但方向太一致性，絕非理想的勁法。而且人體有 206 塊骨頭，幾乎要身體大部分骨頭與其連接之筋韌結合肌肉，一體作出同一方向性，方能產生四種勁法中的單一勁法，難度也是很高的。故想做出單一勁法的困難度，反而會比混合性勁法的難度還要更高一些。

正因為單一勁法難用又難做，故一般人在用勁時，多數是使用混合勁法的，也因此產生了數千百種名稱的勁法。這些勁法程度自有高低，有的並無法兼顧整勁，有的根本在傷害自己身體，就算是好的勁法，有其長處者又必有其短處，無法面面俱到。

以通常狀況而言，勁剋力，而勁又分長勁與短勁，長勁可剋短勁，長勁吸收短勁，讓短勁如石投入海，稍微起些波瀾而已。也就是高級勁法剋低級勁法，而定勁、虎勁、龍勁與採攭勁四種勁是高級勁法的根源。四種長勁根源彼此互輔，但亦可以互破。當一種勁來犯時，可以被另一性質的勁所破。

這四種長勁有其相輔相剋的特質。以相輔性而言，它們的特性是：

（一）龍勁輔虎勁

虎勁向前衝，龍勁向上衝，當虎勁撲人時，龍勁可輔佐虎勁讓對方鬆根，對方的根一鬆，自然更容易撲倒，所

以龍勁輔虎勁。

（二）虎勁也輔龍勁

龍勁向上衝，虎勁向前衝，當龍勁要打飛對手時，虎勁輔佐龍勁，把對方撲歪、撲斜，對方臨界點被虎勁所破，而龍勁則在沾黏對方後，更容易把對手打飛，故虎勁輔龍勁。

兩者相加，可以變成龍虎勁、虎龍勁，兩者差別僅在當下誰是主、誰是客而已，龍勁居多則可把對手打飛，虎勁居多則可把對手打翻。龍虎勁相加，正如同有向前與向上兩種太極陰陽同時運轉攻擊對手，可交織成更縝密的攻擊網路。

（三）採擺勁輔定勁

採勁是向後、向下的採扣勁，擺勁走擺避、輕靈之能，兩勁可輔助穩如泰山的定勁，而採擺勁也可以藉由定勁的穩定性，讓採擺勁成為更靈巧的化勁、虛靈勁；最終成為我獨知人，人不知我的神明境界。

（四）定勁輔虎勁、龍勁與採擺勁三勁

定勁是由根勁衍生出來的太極拳專門勁法，是太極勁之根本。有了定勁等於太極拳有了勁源，有了勁源的其他勁則能更加強大，若定勁輔虎勁則撲力更霸氣，若定勁輔龍勁則上捲之勢更猛烈，若定勁輔採擺勁則讓擺勁，則讓擺勁更輕靈，定勁輔佐採勁，則讓採勁更堅實與俐落。故

定勁可輔佐其他三勁，讓勁法發揮的更完美。

龍勁破定勁、虎勁破採擺勁、定勁破虎勁、採擺勁破龍勁

若以相剋性而言，是「龍勁破定勁、虎勁破採擺勁、定勁破虎勁、採擺勁破龍勁」。但其先決條件要彼此的功力相仿，功力若差距太多，縱使先天可破，但在功力的彌補下，仍有機會扳回一城，甚至反勝出。以下便是其相剋之分析：

（一）龍勁破定勁

定勁是先向下再向上之勁，主以先接勁為本。當來勁襲來越強，後面的反彈越大，這是太極定勁「借地之力」之能。在諸多太極公案裡，定勁常被描述成神乎其技一般的勁法，這是外家拳沒見識過的勁法，自然猶如神技。但是，定勁遇到來勁若不走「向前攻」、「向下攻」時，定勁便不容易掌握住對方的來勁，定勁的接勁依據會驟失。

在長勁勁法中，唯有龍勁是與定勁走相反路線，定勁走下，龍勁則走上，而且龍勁還主攻，定勁則主守。故單純的定勁若遇到龍勁，會因為是主守而失去先機。再加上，龍勁走上、走纏絲，要把對方沾黏住然後拔根。此舉剛好都是單純定勁的缺點所在，故龍勁破定勁。

君不見大樹最怕什麼風？便是最怕龍捲風，小草根小葉片雖小，風吹易倒，卻不易拔起，除非連泥帶土的被刨起，否則風吹兩邊倒，小草不易被風拔根；而大樹樹葉茂

盛，樹枝、樹幹粗大，風吹不易倒，但其樹幹樹枝過硬，卻容易被龍捲風之類的向上風給連根拔起，龍捲風不同於一般風不走平面吹拂，而走螺旋向上的沾黏拔起，故原本大樹用來抵抗風平面吹拂的強壯樹枝、樹幹，此時反而成為被龍捲風拉起它的致命缺點，因為它的茂盛樹葉、強壯樹枝，犯了太極拳中「頂」的忌諱，故樹越強壯、茂盛，越容易被龍捲風拉起。

（二）虎勁破採擺勁

採擺勁是走「採扣擺避」主守路線，著重在化勁、封勁的能力，以圓形走化為其代表。但虎勁走一線直打的路線，而且虎勁的代表作「槍形發勁」除了槍扎一點之外，更以刁鑽擅長，也就是說，當槍形發勁瞄準對方之後，一槍一扎便是一窟窿，縱使聽到了再化，也是慢了半拍，縱使走圓形化勁，但圓亦有點，若被槍形發勁踩壓住了其中一點，發勁能又快又強，單純的採擺勁想化也化不掉，自然圓會做不出來，故虎勁破採擺勁。

君不見皮球雖圓，手推便滾、手拍便彈，傷它不了，但是，若拿一根釘子一扎，保準皮球應聲而破，被扎了一個窟窿。

（三）定勁破虎勁

虎勁看來威猛無比，卻也因為其太單一性而有了缺失，其優點便是其缺點。以往楊露禪被稱之為「楊無敵」，打遍北京無敵手，想必是多用此太極專門勁「定

勁」去贏眾家好手。

定勁是對付外家拳剛猛的強力秘密武器，外家拳打來，定勁走化加反擊一氣呵成，攻守片刻完成。別人碰撞過來時，我們借地之力後便還施彼身，借力打力可以打的乾脆俐落，旁人還未端詳仔細，勝負就已經揭曉了。這裡面是應用了絕大部分的定勁，方可如此神奇。而虎勁若扣除其根勁發勁的威力之後，作用實際與外家拳類似。定勁講究以鬆接勁，故虎勁、槍勁襲來，仍可以鬆應對，可以讓槍扎不實，讓虎撲不倒。一旦槍扎不實，虎撲不倒，則單純虎勁的原本優勢便瞬間蕩然無存，反而因為太單一性向前猛攻，這時便會犯了「失根」錯誤。

定勁的強項，是根勁與借地之力的反作用，在槍扎不實，虎撲不倒後，往往根勁已經潛入對方下方，這時便立即可以捌式拔根，故定勁破虎勁。

君不見西班牙鬥牛，公牛有千斤之力，往鬥牛士處頂撞過來，頗有山崩地裂之勢，膽怯之人必心驚膽裂，公牛雖壯，但每每在鬥牛士的紅布逗弄之下，牛角只往漂動的紅布上頂，卻不往鬥牛士身上頂。而當牛奮力頂上紅布之時，也是牠最脆弱之時，往往便暴露出牠在兩肩之中的軟弱部位，鬥牛士便在牠攻擊紅布時，兩肩之中插上了許多鏢槍、叉子，讓牛體力大衰；最後鬥牛士拿出長劍，在公牛奮力一搏時一劍便從兩肩處直刺入心臟，牛便一命嗚呼倒地不起。

虎勁的撲刺便如同鬥牛的衝刺一般，往往撲刺落空後，就是牠最脆弱時刻，而定勁就是專門設計來打這時

刻，故定勁能破虎勁。

（四）採擴勁破龍勁

龍勁可對付定勁，因為它如同龍捲風一般橫掃千軍，所到之處四處狼籍，定勁借不到地力，接不到勁，自然無法反擊，在無法反擊之下，自然便被龍勁帶著走，拔根而起。但採擴勁不先走接勁，走「擺避採扣」的走化方式，單純的龍勁若遇採擴勁，因為對方走化便沾黏不實，若龍勁沾黏不實，便會成為空洞的自我竄升，不但失去攻擊目標，自身也失了根。

失去攻擊目標又失根的龍勁，此時便如同虎勁撲空一般，這時候採擴勁只需一個採或一個擺就破了龍勁，如同把一個漂浮在空中的人，直接摜摔到地面上一樣容易，故採擴勁可破單純的龍勁。

君不見眼鏡蛇好不威風，有毒牙還能站立攻擊，攻擊面積比一般蛇類大上數倍，是蛇類中的優勢演化蛇種。尤其在印度還有一種眼鏡王蛇，還專門以吃其他蛇類為生，成年的眼鏡王蛇身長可達 5 ～ 6 公尺（18 英尺），蛇身幾乎是其他眼鏡蛇的三～四倍長，長的高大威猛，光是半個身體挺立起來，便猶如一個成人般高，讓攻擊面大增之外，還有尖利的毒牙伺候，每年都有數百印度人喪生在其毒牙之下。而且它號稱為王蛇，還不懼其他毒蛇的毒性，以吞食其他蛇類為生。眼鏡蛇其優點是站起來攻擊面大增，威猛無比，但是，其缺點也是因為當其起身時候，靈活度反而降低。

　　當其起身時威嚇時，捕蛇人常常只需用個捕蛇夾，或僅用一個鐵鉤，便能將其從中夾住、鉤住制住其頭部，因為毒蛇的可怕攻擊點，就只在其嘴上的毒牙，只需避掉其攻擊點，其全身反而都變成它的弱點。

鬆柔、剛猛、不爭、俐落、輕靈

　　以上是四勁互破的說明，而在前文中我們也強調，縱使勁法可以互破，但只要功力夠強，原來的劣勢也可以縮小，優勢則可以放大。若再佐以其他勁法輔助，任何長勁勁法仍可出現近乎完美的形態。故單一勁法在功力深並與其他勁法互補的雙重加持下，能應付天敵勁法，也不是不可能之事。

　　四種勁法的鍛鍊已經介紹過了，除了練法之外，在應對心態上也非常重要，心態雖不影響練法，卻影響所練成就的高低。筆者對於四勁的應對心態頗有心得，其分別是：越鬆柔龍勁越強、越剛猛虎勁越強、越不爭定勁越強、越俐落採勁越強、越輕靈擺勁越強。

　　「鬆柔、剛猛、不爭、俐落、輕靈」便是太極內勁精髓的十字箴言。其中不爭即是不與之抗、捨己從人、任他巨力打，牽動四兩撥千斤之意，全是古拳譜中所記載的，並非筆者獨創。

　　鬆柔、輕靈即是沾連黏隨、不丟不頂、上下相隨人難進之意，王宗岳之打手歌中也同樣記載著。而剛猛、俐落，即是引進落空合即出，毫不猶豫之意。

　　這五種心態，牽扯到練習時的心態轉化，非文字筆墨所能形容，與佛教禪宗之「直指人心、不立文字、教外別傳」有同樣意境。

　　在本課程的練習法上，除了在勁法互破的演練外，更要讓學習者多嘗試、多習慣其他的勁法，也就是多讓學員們交叉搭配互破。另外，也需多著墨於學員搭手時的心態導正；唯有透過彼此之間的搭手感應，方能把應手的正確心態給傳授出去。

搭手八應

搭手陰陽生八應

　　太極講究在第一時間內出手，於是便講究接勁，不講究力抗與閃躲，力抗便是「頂」，閃躲便是「丟」，王宗岳的打手歌最後一句：「引進落空合即出、沾連黏隨不丟頂」，搭手時要講究不丟不頂，還要沾連黏隨，自然是要習練者講求聽勁與接勁。

　　聽勁與接勁我們已經教過，而其進階則是，一沾手即能聽到對方勁，也就是「一搭即接」、「一沾即發」、「一沾即化」。輕輕的與對方一搭手，便把對方聽的死死的，任由對方有何變化，都可應付自如，達到沾連黏隨不丟頂的境界。

　　要如何一搭手便可把對方聽死，任由變化都能輕鬆應付呢？這當然要常練根勁與鬆的搭配，再來則是「氣場聽勁」，這些說法也都在本書中屬於是老生常談的話題了。當練到聽得到、黏得住後，之後該如何呢？筆者針對這種狀況，研究了一套「搭手八應」之法，放在第十三堂課中，讓學習者能在有自身勁之後，又有實戰的實力。

　　一搭手就能有八種應變之法出來，符合太極陰陽兩儀衍生之法，八應剛好是二的倍數，而有了這八種應變之策後，只要功力與對方不相差太多，都可以在一搭手上，以熟練的搭手技巧贏過對方。

　　因為這搭手八應，是針對整勁法能實用所作的特別設計，一搭手便能達到讓對方想丟也不是，想攻也不成，也

等於是我們在沾連黏隨不丟頂之後的攻擊動作。只要對方一有變化，甚至沒有變化，都可以在搭手八應技巧中，找到操控對方、攻擊對方的方法。

搭手八應淺釋

搭手之時，應該先保持自身勁架子的完整性，以似掤非掤、鬆柔聽勁般的半掤狀態與對方搭手。而在搭手後，便以手臂之外緣輕輕沾著對手，此時便完成搭手聽勁的程序功夫了。聽勁好的人這時已經可以應用下面八種變化法，任由對方如何變化，亦或者不變化，都已經在我們的掌控之中。

第一式：掤

太極八勁「掤，攦，擠，按，採，挒，肘，靠」中第一勁就是「掤」勁，而我們的搭手八應，也是以掤勁為主要勁法，這是因為與人搭手時，我們的勁架子已經處於半掤勁狀態，整勁已經貫通全身以待應用。而且由於掤勁它是「借地之力」，上盤鬆、下盤根勁，既可以聽勁接勁，也可以發勁，攻守兼具，故第一式以「掤勁」迎敵最為安全，也最為妥當。

楊班侯曾說「掤要撐」就是點出掤勁的特質出來，既然是撐，自然是借地之力往上撐，可兼顧攻守。

掤勁歸類為龍虎並用之勁，其中單手之龍虎勁的比例組合，就可以衍生出四種變化出來，按著龍虎勁比例不

　　上圖為搭手八應之初的似掤非掤的「半掤勁架子」，半掤勁架子主要用在攻防兼備，處在可攻可守的狀態。

上圖為搭手八應第一式—已發勁後的掤式

同，可分別成為「掤、肘、肱、托」等變化出來，四種打法該在何時用何種勁法，全端看搭手時對方手之高低變化，進而產生「掤、肘、肱、托」等四種應對方式。

　　若對方的手與自己的手一般高時，剛好以掤勁應對發勁。兩人條件相同時，先發者佔優勢，但此時掤勁也不能貿然而發，初期時應該進而不發，其目的即在壓迫對方，如同下圍棋中的「問應手」手法，進而不發也是問對方想怎麼因應？若對方以抗應對，則成頂，若對方頂了，便可用掤勁到底，發放對方。發放的目的並非為了一舉推倒對方，而是可以趁對方失去重心時，卡位底下的先機。

第二式：肘

　　若對手因應之法是護頭式的搭手，搭手便會過高，我們則改掤為肘，用肘攻擊。肘是人類近身時最好用的攻擊部位，這點在泰國拳身上常常看到。泰拳選手在擂台上，雙方一近身，幾乎兩人都是用手肘在相互攻擊，因為手肘的力臂短，容易在近身時使用。

　　而太極拳也是擅長近身發勁，自然也是善用肘之拳法，且「肘」勁也是在太極八勁之一。用法是虎口扣著對方過高的手臂，一來不讓對方逃走，二來防對方攻擊，肘勁則趁勢由下而上的滑入對方心窩處，對方護心也罷，不護心也罷，都可一肘到底直撞心窩；因為我們的肘勁是由整勁帶出，縱使對方出手護心仍可以肘勁發放對方，被肘撞到的對方也勢必飛出。

203

上圖為搭手八應第二式—肘式，此式是繼掤勁之後最常用到之式，具有陰狠、狡詐、勁強等優勢，適合貼身時的攻擊手法。

第三式：肱

若對方之應對是護心式，搭手便會過低，我們就用肱，肱在三十四式拳架中之「掩手肱拳」簡稱。掩手肱拳是以左掩手下壓撥掉對方的肘勁，進而右拳以逆纏方式發勁攻擊對方。

逆纏發勁是要經過特殊的強化訓練之後，才能有效使用的纏法，一般人連想都沒想到，拳可以從這種角度擊出，所以，通常都會大意失荊州。

由於出拳角度出人意料，最好使用的時刻通常都是對

　　上圖為搭手八應之第三式—掩手肱拳式，左掌兼護心與撥壓，而右拳以逆纏方式直搗黃龍。

手搭手過低時，掩手肱拳便可逆纏如鑽心般的直搗黃龍，直達對方心臟、心窩要害！

第四式：托

　　若對方手直接放手脫離，則雙方呈現離手狀態，對方便是丟的狀態，由於我的形未變，對方一丟我便趁虛而入，絲毫無須多加考慮，直接便用托。托乃三十四式拳架中之「托顎掌」簡稱。托顎掌是設計出來專打對方突然放手不搭手時的瞬間。因為我以掤勁架著對方，對方攻不進來，於是便有人會改放手後搶攻。但對方一放手，第一時間是放手，第二時間才能再攻擊。放手之同時對方的下

巴、下顎必然會突然毫無防備的顯露出來，托顎掌便是設計專門在此時使用的掌法，專打對方手放下手時下顎露出時的空檔。

　　通常做法是以氣場聽勁，聽對方重心變化在手上，若覺對方手的抗性突然消失，則立刻運起托顎掌發動攻擊。而且絕對不可有猶豫時間，因為一旦猶豫，對方放下的手便會在第二時間攻擊過來，太極要贏就只能贏在第一時間，若讓對方先攻擊，我們便先機盡失。故為了消弭威脅於無形，這時候便應立即發動托顎掌直奔對方上盤，對方若被托顎掌打倒，應當會立即動作停滯 3 ～ 5 秒時間，這是因為人的下顎一旦受到震動，便會把震波傳導至小腦，小腦受衝擊，便會造成短暫的行動停滯，托顎掌

　　上圖為搭手八應之第四式—托顎掌式，托顎掌攻守兼具，一掌護心壓掌，一手直攻對方上盤。

的掌法便是由此設計出來的招式，因為是求快，故以意守丹田串連「半長勁」攻擊即可，若無必要無須用到強大的根勁，若能用到根勁托顎，對方可能連頸骨脖子都會被打斷，故僅須丹田以上之半長勁即可。

托顎掌的掌法除了收錄在三十四式影片中之外，另外，也同時收錄在單練式之中，有興趣者，可以點閱參考。而且托顎掌亦可變形，並非一定要急對方之下顎才行，亦可在對方要改搠為抱時，以掌直擊對方胸口，由於是對方身體湊過來，此時托顎掌便有後發先至之功，功效亦可得到加乘效果。

第五式：翻

前面已經介紹了四式，搭手八應乃為「搠、肘、肱、托、翻、採、攎」七式，其中攎式可以左右變化，分為二式。再下來介紹第五式翻，若對方根勁也很強、上盤也夠鬆，手的位置也適中不讓，前四式怎麼也不易攻入時。這時便要應用到另一種發勁方式，方能解除僵局，那便是「翻」。

翻者乃三十四式中之「海底翻花」簡稱。海底翻花是以刀形發勁為勁源，講究從外側打入對方虛點，當對方前面同樣以搠勁防守嚴密時，其側面必定空虛。我們若在前面討不了便宜下，便可改變路線，從側面伏擊對方。

我們說過天下沒有完美的勁法，既然對方前面防守嚴密，側面必定有空虛點，我們在其前面衝撞不過之下，應立即趁對方防守還主要在前面時，立刻以側面攻擊的「海

底翻花」攻擊。此時一手以掤與對方僵持，另一手以翻攻其側面，對方專注於前面防守，我們的一翻往往能出其不意，收到奇兵之效，對方往往顧得了前面，便顧不了側面，容易在側面被我們一刀勁打翻，翻了一個筋斗。

　　上圖為搭手八應之第五式—海底翻花式，海底翻花時右掌仍與對方對掤方能干擾對方阻力，如同牽制作戰一般，讓對方無法兼顧側面的襲擊。

第六、七式：採、擺

　　以上五應是以主動攻擊或者伺機側面攻擊為主，另外，若對方已然先發動攻擊的話，便要以化勁應付。故在五應之後，須再輔以採、擺勁二勁以防對手的暴衝。而以採、擺二勁之中的擺勁還可以衍生「左右陰陽」變化，又

可以再增加一種變化出來，故光一個搭手的半掤式出來，其中便暗藏著八種變化，可以做到讓人防不勝防的境界，所以，太極八勁之中首推掤勁，實乃真也！

　　綜合以上分析，搭手八應口訣便為「掤、肘、肱、托、翻、採、擺」其中擺因是左右皆可發動成為左擺、右擺，而在此處僅寫出一字，是以配合七字口訣較為方便。

上圖為搭手八應之第六式—採式

　　以上是對方在一搭手的型態出現問題的八種應手法，但若對方防守若虛若實，一時沾黏不住，聽勁聽不清楚時，讓對方先發動攻擊了呢？這又該何解？

　　若是對方先發動攻擊呢！這也無須擔心，當雙方一搭手時，其實，已經是一種「合太極」狀態。也就是說，對於內家拳高手而言，「合太極」便是一種陰陽相當的狀

態，一旦對方先發動攻擊，則陰陽轉軸便開始驅動。聽勁功夫做得好的人，此時便可順著對方的動作，自然而然的作出相對應的反擊動作出來。通常受壓迫時，仍以定勁應對，先把對方來勁導入地，再借地之力反擊即可。

　　本課程的練法，是以兩人捉對廝殺為主，八應的招式有些過於毒辣，故需點到為止，所謂「同門交手，留力不留拳」，在多換手、多聽勁之下，搭手八應的功夫，將會成為學者隨身空手攜帶的秘密武器。

上二圖為搭手八應之第七、八式—左攦式、右攦式

根勁太極與
鬆柔太極

有勁才能空靈

　　若想拳架打的有神韻，除了熟練之外，另外就必須由根勁帶動全身，由腳而腰而手，身形一動無有不動，一靜無有不靜，全身上下之動都得由內勁催動方能走動。由下盤的根勁帶動上盤的上勁，身若無勁則不會自動，勁未到則不能以力補勁，自行開展，若由力帶動身體便是過浮，內行人一看便知。整套拳架都需由勁貫穿全身，拳方能有神，形方能有靈。

　　鄭子太極鄭曼青大師的體用歌便曾說過：「我有一轉語，今為知者吐。湧泉無根腰無主，力學垂死終無補。」可見鄭子太極拳三十七式若打的沒有根只剩輕柔，應是後學者自行歪曲理解，而不是創始人的本意。

　　太極原本就講求鬆柔，但也更講究根，故最好的狀態，便猶如柳樹迎風擺一般，既有了根也能兼顧鬆柔，被強風吹拂，能絲毫不費力的輕鬆化解，如「玉樹臨風」一般。

　　而現今一般太極拳的最大問題癥結，便在於一開始便講求鬆柔，而不講求找根、築基、練根、扎根、固根。打起來鬆鬆柔柔的煞是好看也輕鬆，卻也一推就倒，不堪一擊。在太極拳比賽中，無論大小型、國際或地方賽事，也只能把拳架與推手二項分開來比，前者只能求其動作標準、形態優美，無法兼具力與美；而後者，有些人往往只求名次，只鍛鍊臨場推手的發化技巧，甚至以蠻力取勝，

只想奪得獎牌，而不以拳架為根本鍛鍊內勁，誠可惜矣！

　　目前一般的推手大多是沒有根勁的推手，只能在同門之間相互推手練習，靠著自身身體的柔軟度來卸力。這種卸力並非真的走化，因為不能打快，別人一打快就挨打，無法真的能卸掉來力，只是應付雙方推手的模式而已。若非與同門人來互推，別人一僵也推不動別人，別人一使勁、一快打，便只會挨打，或者只能用身體的老牛勁去硬頂，完全失去了先賢們對於太極鬆柔意境的描寫。

　　學拳者若讀先賢著作，發現自己的推手與先賢著作不同時，若不能及時醒悟，還在自我感覺良好，豈不愧對先人，終究會力學垂死終無補。

　　這種情況，便如同一個年輕人一開始進入社會，自己身上沒什麼錢，卻不先想如何賺錢活口，而是一開始便學著別人追逐昂貴的時尚消費。偶爾為之尚且怡情，也算是個「小確幸」，用以激勵自己未來能享受如此生活。但若沉溺於酒池肉林，追逐物質享受，不但自己身體搞壞了，有再多的錢也會坐吃山空。

　　大家應該都知道，練拳者最容易犯的毛病，就是想要一蹴而成。這雖是通病，但筆者自幼練拳，光練太極拳也已有廿一年拳歷，回首望來，覺得此觀念雖是通病，卻也並非完全不可能，要學好拳也是有捷徑可走，只是絕對要走在對的路上，唯有走在對的路上，才能日日精進，學拳才會有感。

　　教導者扮演最重要的角色，影響到學拳者成就的高低，教導者要能心智開明且能因材施教，再加上，適當的

輔助與餵勁，練拳是可以快速進步的，但仍不是一蹴而成。

　　若想要一次就把太極拳的最高境界「虛凌勁」給學會，則過於異想天開。看老師傅打起拳來輕飄飄的，也跟著老師傅打起輕飄飄的拳。殊不知，真正有實力的老師傅，打拳雖是輕飄，卻曾是在學拳之初，下過真正苦功夫，紮實的把勁給練出來。正因為練得有勁，所以，縱使以後是輕飄飄的拳，也是輕靈有勁的拳，而不是像無根的棉絮手一般，縱使打到人也是軟綿綿的。

　　投機者看不到老師傅當年所下的苦功，只看到他目前收割的成果，誤以為老師傅從小到大多是練這種輕飄飄的拳，就可以力抗眾人，力抵萬鈞，殊不知誤解矣。這就像一個手無身家之年輕人，看到一個節儉的大富翁，便以為大富翁的生活，也不過與他自己相同一般，毫不起色、不過爾爾。卻不知大富翁可以節儉度日，卻也可以一擲千金；而手無身家的年輕人，卻只能選擇節儉度日，若過得太奢華些，便要寅吃卯糧，未來只好借貸度日了。

　　道理就是這麼簡單，要練好太極就必須先練好找根、練根、扎根、固根等事項，等這些都做好了，再來便是要練活根的工作。

　　找根、練根、扎根、固根等工作，就如同賺錢與攢錢，但錢並不一定要賺到富可敵國之後，才能拿來花用，只要夠一定水準後，便可邊賺邊花。甚至是邊賺邊用，用錢去賺更多的錢。台灣諺語「錢四腳、人兩腳」，也就是說錢跑的比人還要快，靠兩腳的人去賺四腳的錢會累死人

的。唯有用錢去賺錢，用四腳去追四腳，才會跟得上錢奔跑的速度。而有了錢之後，讓手上的錢成為活錢是很重要的工作，用錢不但可促進了社會資源活絡，也可讓自己的生活多了些繽紛的樂趣。

活根就是活錢一樣，會讓自己的根越來越強壯，找根、練根、扎根、固根之後的活根，就如同用錢賺錢，可賺的又快又猛。練到了強勁的根勁後，就如同樹木扎穩了樹根，再來便是要適時的向上開枝散葉，向下擴大根基的地盤，如此一來，時間一久之後，便成功的長成一棵參天巨木了。

活根：一點根、一線勁

而人又優於樹木，樹的根是不能移動的，人的腳跟卻是可以活動的。太極的活根是以放鬆為開始，從拳架上來說，筆者根勁太極的打法，一開始打的時候，如同推鐵球一般沉重，這是在練根勁與整勁。在經過一段時日，根勁與整勁俱足之後，便要開始要練鬆柔，這次的鬆柔是真的完全鬆柔，不但打的人要感覺鬆柔，連看的人也要感覺鬆柔。此時的根勁太極，外形就似公園看的太極拳一般，但仍有些微差別。那便是，不管多鬆柔，仍需要在腳底留住「一點根」，身上留住「一線勁」。

從根勁太極進化至鬆柔太極，放棄了推鐵球式的拳架，把整勁與根勁多數皆放下，只用「一點根、一線勁」去帶動整體的拳架行走，練到這時，全身絲毫已經不著一

點力。這種練法已經不是在純練勁了，而是在練氣場與練輕靈。若能練到如此地步，便是達到真正太極的大成，這時候的太極拳，又如一般公園上常見的太極，外觀極為雷同，正所謂練神還虛階段。

但是，鬆柔太極絕非不能用之太極，相反的，鬆柔太極反而比根勁太極更能克制外家拳。甚至，也能克制根勁太極拳。通常學員學完以上的十三堂課程之後，只要細心琢磨其中意涵，過個三個月半年之後，總會進步神速，根勁大增。

在我每個月的老學員太極研究會上，我就不能再以根勁去與他們力抗了。一來，根勁碰上根勁，總是在較量功力，雙方皆吃力。二來，為了培養學員識得更高深的太極意境，也要拿出更高級的推法給他們看；這時候我便會以鬆柔太極所衍生出來的鬆沉發勁來應付他們的根勁。到我拿出鬆沉發勁時來應對後，原本可以與我相抗的根勁太極，一下子，又會變成過於癡重；學員這才會知曉，原來跟筆者學的太極拳，還可以更上一層樓，就不會自我滿足，僅練得根勁太極便自得意滿。

鬆柔太極之練法，一般而言，一天若打十趟三十四式太極拳，可以在前八趟練根勁太極，要越練越剛，第八趟達到至剛的境界。之後，後面兩趟便試著練只用「一點根、一線勁」去帶動整體拳架行走的鬆柔太極。鬆柔太極的拳架與根勁太極一致。差別僅在於是只用前面八趟的十分之一勁當作勁源去推動走架，並在走架中細心體會所謂的「一點根、一線勁」的帶動感，並讓身體去感受周遭的

氣場流動。這與氣功不同，不要去體會身體裡面的氣流動，而是感受身體周遭氣場的變化，我稱之為氣場感應。

　　鬆柔太極要練到沒有一絲火氣，自己沒有感覺一絲火氣要打人，也要讓別人看到，認為沒有感覺有一絲火氣的威脅性。打起拳架來要掌不像掌、拳不像拳，發不像發，攦不像攦、採不像採的境界，純粹都是自己與周遭氣場在練功。

　　何謂「一點根、一線勁」？一點根就是在腳掌1234點中，1的位置，由1位置帶動一縷勁纏繞而上，身上其他勁都不要再附加上去，就僅用這一縷勁帶動整個拳架運轉，拳架會因此變的慢而圓，故拳不像拳、發也不像發。

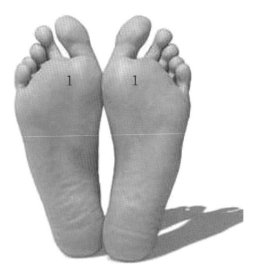

　　上圖中鬆柔太極把腳掌中的234點全放棄不扎根、不搓揉，僅提放而已，僅用圖中之1點成為帶動一點根，牽動一線勁的勁源區。

　　但是縱使只有「一點根、一線勁」，也還是有根有勁，若完全斷根則成了真正的太極操。變成太極操便不會有氣場感。斷了根的勁，也只是「單端勁」而已，少了一端固定支撐的勁，人打拳就像是在空中揮拳一般，就算打到人，也不會讓人有徹骨之痛。

　　鬆柔太極的好處，是回歸到太極拳為眾人皆知的「以柔克剛」境界，但不是單純的以柔克剛，而是專以「柔勁克剛勁」，唯有加了這個「勁」字，以柔克剛才有意義。否則，又會只淪為虛無之物。這鬆柔太極除了「柔勁克剛勁」之外，並且還可調息前八趟根勁過剛的硬性，調節過剛後，可提高本身對於勁在身體內的流動速度，原因如同心無旁鶩一次只做一件事情，便可把事情作的極好一般，並且在一切放鬆之下，敏感度增加後，更可強烈感受周遭氣場的變化，進入更高階段的拳意。

慢拳打快拳

慢拳打快拳更犀利

從根勁太極練到鬆柔太極之後，會慢慢地便能感受到，縱使出慢拳也可以打快拳，發勁快不稀奇，發勁慢還能把人打出去，而且勁力更加渾厚，能把人打飛，這才是真功力的展現。

拳是不是愈快愈好？第一感覺好像是如此，但是在太極拳的世界裡，正確的答案卻是「非也」！王宗岳的《太極拳論》上說：「雖勢有區別，概不外壯欺弱，慢讓快耳。有力打無力，手慢讓手快，是皆先天自然之能，非關學力而有為也。察四兩撥千斤之句，顯非力勝，觀耄耋能禦眾之形，快何能為。」王宗岳能說出此等話語，表示他也已體會到「慢拳可打快拳」的境界了。

所以，我們也可以認為王宗岳在作拳論之時，也已經達到慢拳打快拳的境界。

把對手快速的打飛，看似精彩，不過，由於要求打快，往往會不自覺地用了自身過多的短勁，最後反而會讓自己身體的整勁在某處斷掉。身體勁無法與根勁充分結合，而成為「半長勁」。

勁斷成二截便無法充分利用借地之力，自然也無法發揮自身的「三合一」實力。而且短勁要打人，必得在身體小區域範圍內，作出肌肉過度伸縮、肌腱過度扭轉的動作才會有強勁，肌肉、肌腱過度的伸縮扭轉便容易傷及肌肉與筋韌，形成拉傷。最後不但沒練到養身健康的太極拳，

反而與外家拳一般傷痕累累。

　　兩者差別之處，便在於外家拳是受外傷，肌肉傷、骨傷。而短勁發過多者，則是受內傷，傷筋絡，肌腱炎、肌腱撕裂傷，傷及內臟等，這些傷反而比外家拳的傷，更不容易痊癒。

　　所以能把人快速打飛的發勁，看似精彩，其實隱藏了許多問題，第一個問題是，常發短勁自己容易受傷。第二個問題是，被發者也因為受到的是短勁，爆發點短，往往也得到內傷、內出血等。

　　於是我們知道短勁拳誠乃「七傷拳」是也，既傷人又傷己。功力若還不到家，還沒辦法發出完整的長勁結合短勁的「整勁」時候，還是少硬發與快發為妙。

　　王宗岳說：「觀耄耋能禦眾之形，快何能為。」老人打眾人不求快，但是他還能打，表示他用的是較慢的長勁，故依此便可推論，長勁才能使人用到老而不衰！

　　另外，快勁由於打擊面短，也容易被對方閃躲掉，或者被「鬆」給吸收掉，反觀慢勁必須從腳底生成，從腿到手都可以打擊對方，故打擊範圍較大；根勁好的人，縱使慢慢推人，依舊能把人拔根推開，而且毫不費力，因為與對方比的是彼此根的深淺，這便是長勁之功。

　　一旦對方被我們的長勁的鬆給沾連上，要抗也不能，要頂也頂不住，只能乖乖的被發出。故能練得長勁、慢勁，要比短勁、快勁與別人應手要好的多。

慢拳如何打快拳

以外家拳而言，拳當然是越快越好，但是在太極拳的世界裡，慢拳卻絕對可以打快拳的。而且更能主導其節奏，讓對手的快拳想快也快不了，必須跟著我們的慢拳慢下來，這不是錯謬的思維，而是誰在主宰節奏的問題。

每個人都有其節奏，雙方打拳也是彼此都有自己的節奏，兩人對峙時，若一方被另一方的節奏牽著鼻子走，縱使力量比對方大，也只能徒呼奈何。

這就像以前農村常見到的景象，一個放牛孩童可以牽著一隻大水牛外出吃草、進柵欄等，牛的力量難道拉不動一個孩童嗎？當然不是，但水牛卻乖乖的任由孩童指揮前進後退。這是因為孩童掌握了栓在牛最軟弱的牛鼻子上繩子。牛的柔軟弱點就是在牛鼻子上，牛從小被人穿了鼻孔，人一拉牠就吃痛，只好乖乖跟著人走，久而久之牛縱使長大了，力氣變大了，也不敢違背牽牛繩人的意志，只要誰牽到了栓在牛鼻子上的繩子，牛自然乖乖聽命，否則，牛鼻子很可能就會被扯斷。

慢拳打快拳也是同樣道理，兩人對峙之時，只要防守得宜，不露出破綻，對方就無法進攻，但只要對方一進攻，就把攻擊的矛頭對準對方的弱處等著他，對方自然無法再出拳前進，否則變自己先挨拳，這便是我們說的「後發而先至」，此乃一法。

另一法則是，我們以強大的內勁壓迫對方，讓對方無

法招架，君見過有人會對迎面而來的大石頭拳打腳踢應對的嗎？當然不能，自然是全力抵抗撐住，或者趕緊跳開逃離。太極拳的慢拳就是如同迎面來的大石頭，穩中透堅，對方應對只有硬接或跳開二途。故節奏自然是在我這一方，我慢則對方也快不了，這是另一法。

這兩法互倚互用，便能打亂對方節奏，成為能打快拳的慢拳。但慢拳可不只有完全的慢而已，它的內在卻比對手的快拳還快，唯有以內在的快，才能駕馭外在的慢，在前文舉過例子的「變色龍」、「雀尾螳螂蝦」、「狙擊手」等都證明了外表的慢只是假象，內在的快才是本質，這才是真懂太極勁的精髓。

太極的快

王宗岳《太極拳論》中曾說：「觀耄耋能禦眾之形，快何能為。」可見太極是不求快的。但是以應手而言，若不快於對方，將處處受制於人，又如何能勝得了對手呢？而從清末至今的許多名家，如楊班侯、楊澄甫等名家，更是以「應手即出」聞名於北京，也就是快到連對方反應都來不及，就已經被發出仆倒了。

在許多的太極高手與外家拳對峙的公案裡，更是常常提到外家拳者一拳打向太極拳者，卻不知何緣故，只聽得外家拳者一聲大喝，人卻早已飛出丈外，此案例又以楊露禪最為出名！可見太極拳的快，是可以快到連眼睛都來不及看的程度。

　　要應手即出，不快又怎能應手即出呢？王宗岳的《太極拳論》也說：「動急則急應，動緩則緩隨。」可見太極並非一昧求慢，而是順應變化可快可慢。

　　另外，陳家溝陳氏第十六世的太極名人陳鑫也曾說：「慢要讓你慢的跟不上，快要快的讓你跟不上。」這位陳鑫是當時的太極研究學者，為陳家溝陳氏第十四代陳長興之孫姪輩，而楊氏太極創始人楊露禪拜陳長興為師，三人前後剛好串聯起太極拳正興起時的輝煌三世，故陳鑫的話語，是研究太極極為珍貴的遺產，可信度極高。

　　明末黃宗羲為其友王征南所寫之《王征南墓誌銘》亦曾道：「有所謂內家者，以靜制動，犯者應手即仆，故別少林為外家。」既然是犯者應手即仆，就如同上例公案說的一樣，自然是快的很，不明者又怎能認為內家拳正宗之太極拳是不求快的呢？

　　其中的原委，乃在於太極拳所求的快，不是外形動作的快，而是內在反應的快。隱藏於內在反應的快，旁人自然看不出來，故以為太極拳不求快。又因為太極拳的拳架是以緩慢、不著力為主，以旁人眼光看來，更以為太極不快，實乃誤解矣。

　　若以養生角度而論，習練太極拳若終身不與人推手與實際應手，終身都打慢的拳架，也是可以達養生效果，拳打的慢，絕對是正確的方向，既養生又兼顧平衡感訓練。但若要求能與外家應手，太極拳就不能不求其「獨特的快」了。

　　太極拳「獨特的快」是在拳架緩慢中體悟出來的，正

因為有了拳架的細火慢熬，熬出了內勁，時時蓄勁在內，這才能養成應手時的快。

單腳掤樹練慢勁

　　本課堂的練法：乃是要體會慢勁打快勁之法，慢勁雖慢卻也可以快用，練習久了，長勁用之時幾乎可與短勁同時間，相差分毫而已。慢勁中以纏絲勁為最具典型的慢勁，單腳掤樹式可說是練纏絲勁最好的練法，故推薦以單腳掤樹式練慢勁。

　　練單腳掤樹式時，須注意勁源清楚的由下至上，從腳底到手臂、手掌，感覺勁就好像螺旋而上的纏繞般經過身體。內勁是從腳底搓揉扭轉開始，勁往上竄之後，一路追加收納身體各部分的短勁進來，如同長江黃河一路奔向大海，沿路納百川而成為大江入海。故當勁到達手時，勁力已經充沛不已，稱之為整勁，亦可稱之為「三打一」勁，這時一口氣在手臂上發出，便有種渾圓雄厚的勁力感，甚至自信可以推倒前面的樹幹。

　　這勁打在樹上，會讓樹搖晃，勁會被樹幹反彈，兩勁撞擊之感，會覺得都快要把自己的手骨給打到骨折了。若會有這種感覺，便是有勁力摜注到樹幹裡。

　　單腳掤樹式同樣也收錄在本書所附光碟片中，建議讀者有空一定要觀看，以便模擬練勁的感覺。

　　多練習單腳掤樹的單式練法，可體會到慢勁的渾厚感，而渾厚感是慢勁勝快勁的優勢所在，多體會渾厚感，

便可以知曉為何慢勁有能力克制快勁。

單腳掤樹是練纏絲勁最理想的單練式

練絕活

　　到了第十六堂課程，內勁課程也算是進入「中繼站」了，習練者可以在此打住，重複練習前面十五堂課中的點點滴滴，默識揣摩，必能在勁法上漸至從心所欲；若自認已經完全消化前面十五堂課程，而且也練得有心得，可以感覺內勁存在的話，更可在此整裝後再出發，更上一層樓。

　　若在前面十五堂課程中細心體會學習內勁法的心得，用心揣摩書中的意涵，應不難體會太極根勁的奧妙，以及根勁所衍生出來的鬆沉、勁架子等功法；若再仔細一些，則可進入整勁、各種發勁法、鬆柔發勁等程度，也應該會有自己不同於他人的體認。天資高、悟性好的人已經略有小成，甚至可以獨當一面，不用再求教老師，自行研究拳理。

　　而能要有這些體悟，最主要還是得從每日拳架鍛鍊上著手，正所謂「拳打千遍，身法自現，拳打萬變，神韻自現」。若拳架還打的零零落落，忘東忘西，不夠流暢者，就要繼續返回，把拳架的基本功給練熟，要練到不加思索，便可把一套拳打完，也就是縱使不用腦袋思考，身體也能自動打拳。

　　若未練到這樣的地步，內勁傳導將無法一氣呵成，以後會被內勁的時有時無所困擾，未來也難有大成。

熟練拳架漸至從心所欲

　　熟練拳架是練拳的基本功，能每天多打幾趟，就多打

幾趟，由於筆者設計這套拳路，已經完全符合現代人「時間少、簡單、空間小、從頭到腳一次到位」等要求，多打幾趟後，久而久之便能自行體會招式的用法真意，也能在每招的起承轉合間，找到綿延不絕的勁源，讓勁能不斷，勁源充斥在整套拳法當中。能有這樣感受，則一趟拳便有一趟拳之功，浸染久後必能體會更深沉的境界，甚至會有開悟的愉悅感，讓自己從懂勁開端，進而讓自己進入「神明之境」。

　　《拳論》曰：「懂勁後愈練愈精，默識揣摩，漸至從心所欲」、「由著熟而漸悟懂勁，由懂勁而階及神明，然非用力之久，不能豁然貫通焉。」俗語又曰：「師傅領進門，修行在個人。」不管老師怎麼教，每個人對拳法的體悟，或多或少都會有些落差與誤解，學得好的強項則自己多加強，學不好的弱項，則盡量迎頭趕上即可。在體悟上，不但不需與同期學員比較高低，也不需要對自己所學的各種招式，有齊頭式平等的看法存在。

先天差異　各有絕活可練

　　雖然大家都同為人類，但每人在身體構造上，先天已經多少有些差異，身高有高有低、體重有胖有瘦、性別有男有女。後天上則有老有少、體格有鍛鍊沒鍛鍊、有病沒病等等。故每個人對於拳法的體悟上，也必會有相當程度上的差異。這些差異性加強鍛鍊以作為補強，是個好方法，另外，若專注於強項，那更是個好辦法。

　　通常我會建議學習者，在經過一段正式的授業，有了一定的水準之後，便可以先專注於自己的強項部分，平常時候再佐以拳架的自我練習，久而久之，弱項部分便能漸漸強化，甚至消彌於無形之中。

　　所以，在經過課程中內家勁的正式鍛鍊之後，自己就可以找尋到自己最擅長的強項。例如在築基、蓄勁、纏絲、發勁等課程中，把有特殊體悟的部分，抽出來單練，多加練習，不一定要照三十四式拳架中練習而已。單一式抽出來單練，久而久之，身體以後遇到同樣狀況，便可以不經思索直接反應打出來，這些單練式便會成為你自己的獨家絕活。這也如同「郭雲深一招半步崩拳打天下」一般的奧妙。

　　這便是本課程的意涵，專注於自己擅長的部分，練出獨門絕活！

　　來我這裡的學習者應該在與我單獨的會談、試勁、搭手後，會能在雙方摸索下找出正確答案，而這也是一堂筆者唯一無法放在書中教導的課程，只能習者自己在意境上去體會，然後自己身體力行去自我鍛鍊的課程。

懂勁之後進階課程

　　內家勁的教學，經過前面十六堂課程後，算是已經全部教授完畢。第十七堂課程，屬於內家勁教學之後的進階課程。此進階課程的教學模式，與前面十六堂課大異其趣。有些題目是視學員需求而開講的，有些題目則是學員要求而開講的，更有些題目是筆者認為「懂勁之後」該懂的重要事項而開講的。每一專題的長短不一，能講短則講短，該講長便講長，全視題目的內容而定。以下是其內容的紀錄。

搭手之初　進而不發

　　學好了根勁太極，有一定內勁基礎之後，我會鼓勵學習者多與外面的人推推手、試試勁，以便感受自家太極與他家太極不同之處。但千萬別恃才傲物，要知一山還有一山高，而且術業有專攻，或許，別人也有別人的長處，值得我們尊重與小心。

　　故當初次與人搭手時，通常得先秤秤對方斤兩，若無十分把握，一搭手便貿然進攻發勁，恐容易被對方接勁後而彈出，這已無關雙方功力高低，而是在貿然進攻的心態上犯了大忌。

　　因為對方若長習太極拳，就算沒有根勁，自然也練得有丹田勁、短勁，沒有丹田勁也有老牛勁，丹田勁者身中之力也，若貿然進攻又發勁，容易讓對方產生慣性的瞬間反抗動作出來。雖然我們自身的根勁會比對方強；不過，不夠熟練內勁者，在進發的瞬間，仍會留有勁源的空

隙，這空隙往往成了對方只守不攻時可以反彈的利基。而若遇對方以短勁相抗，也會在應付時比較吃力，對方若老發短勁相抗，雖然自身容易受傷，但或許他沒有這樣的覺悟，只想當下贏了就好，縱使我們的長勁能贏短勁，也須得機得勢方能不費力。

故為了減少失誤，消除以上空隙，初次與人搭手時，便應當進而不發。何謂進而不發？便是勁架子擺好，以根勁卡位穩健地前進，丹田勁、手勁含而未吐，則對方會借不到勁，只感覺你的身體沉重，對方便會落於劣勢，出現抗頂而不知。唯有至此，方能發勁拔對方之根，楊露禪曾曰：「發勁需偷步。」此偷步，即是先站上對於己方有利根勁的位置後，方能發勁前進，發勁需偷步誠前人江湖經驗談，不可不慎！

以力餵勁

勁的鍛鍊，除了自己打拳架之外，更需要以外力來餵養。也就是說，要常常與他人多試勁、多推手、多搭手。愈常與人試勁，自己的勁力就會愈增長，也愈趨完善。就好像可以把別人的推力，當作是自己勁的養分一樣吸收掉，故曰「以力餵勁」。若把內勁成長比喻為金庸武俠小說中的「吸星大法」，也頗有雷同之處。

自己練拳架養勁，只能養出沒有實戰經驗的勁，雖然只要拳架打的對，內勁就一定會進步是完全正確的。但若常能與別人友誼性的推手試勁，更能彌補自身內勁的靈敏

度。而且每推一次、試一次勁，自己的勁道就會進步一分，效果非常明顯，就好像可以吸收了別人的力，成為自以的勁。

若能多次、多人試勁，則又是更好的鍛鍊。因為拳架終究是對著空氣打，雖然可以打到如在空氣中游泳、如推鐵球一般沉重的體悟。但能與多人搭手試勁，則能更進一步地鍛鍊自己勁道缺漏之處，也能培養出臨場的經驗值出來。更能進一步體會筆者所說的「鬆沉圓整」的體感，越搭手勁道就一定會越強，是不變的規律。

以筆者經驗而言，自從練出根勁以來，與人搭手試勁，還未曾遇到一模一樣的力道，每個人雖然都是用力、用勁推我，看似大同小異的推手模式，但至今，每個人讓筆者感受到的力量，可說是有天壤之別。很簡單的印證就是，與人搭手完之後，若筆者身體有痠疼處，至今尚未有兩人會是一模一樣的地方。而且每次與人搭手，痠疼處出現之後，該處以後就不會再出現痠疼，就像對方以力道補充了我勁道的缺失處一般，別人的力強化了我該處的勁道，愈推愈強、愈推反應愈快，以他人之力養自己之勁，是練勁的快速捷徑。

沾實即發、沾虛即黏、沾半實則採

與別人應手時，最好的狀況是一沾手即發，不過，這得對方是純粹外家拳者而言，一般內家拳者或半內家拳者，不會在一搭手時，就讓對方沾到有抗力的實感。若遇

到一沾只是虛者，便不可好大喜功的立即發勁。否則會落入對方陷阱，把自己落入被「引進落空」的極大危險中。

　　若一沾手感覺對方為虛時，這時便應該應用打手歌裡的一句話「沾連黏隨不丟頂」，一沾即黏，黏住對方不讓對方沾實，也不讓對方有發的機會，意守丹田勁以後對方出現「丟、頂」出來。此時更重要的原則是「一寸也不能讓」，千萬別讓對方有趁虛之機，也就是我們說的「半掤勁」以對。

　　也別用身體的扭轉來化解對方的來勁，反而要適時的以根勁、丹田勁、鬆上盤去對抗對方來勁。亦即把對方的來勁給「上化」掉，若上化對方的來勁，對方的低點自然會被我們侵入，他也會被自己用力時給拔根去了，這時只需發點長勁，對方自然如無根之樹被拔根而起。

　　若對方也以根勁相應，則是最常遇到的狀況，此時以沾連黏隨應對時，只需感到「半實半虛」狀態即可。別好大喜功，這時還想把對方給打飛起來，能打飛起來者，大多是已經完全沾實者方有機會，此時要採取反向做法，以採扣勁讓對方拔根，採扣的動作只是自己手掌一翻，速度可以極快，對方往往反應不及。翻掌之後「俐落性」便是採勁的武器。通常採勁的俐落一採，定會讓對方大吃一驚，因為採與對方的來勁發放是同一方向性的，而且引導對方向我們側下邊沉落，可讓對手向前撲空。

　　也就是說，對方若以根勁與己推手，三角形的方向勢必兩點在後，而進攻的一點則會在前面，且有屢屢來犯之意。感覺到對方進犯之時，便是感覺對方「半實半虛」之

235

時，此時，我們的腕勁陡變，由本來向前改為向後側，由於腕勁是最末梢之勁，改變極快，腕勁由前向後時，兩腳陰陽相濟，本是後腳為實腳，此時改為前腳根勁踩實，一以抗對方，二以前腳根勁為源，整合腕勁、丹田勁、根勁為一整勁，右手向右採，左手向左採，以俐落採扣，對方無不向旁飛出。

若對方硬是撐住，也無傷大雅，此時對方其三角形，勢必已呈兩角在前，一角在後之支撐勢。我們在一採未下之後，便立改採前衝式之掤勁或槍勁，再度發勁，自然能頂到對方虛點，而彼自然會被發出矣！

渾身是手手非手

「渾身是手」是拳術家終身所追求的目標，而太極拳高手所追求的目標則是「渾身是手手非手」，除了渾身是手之外，更要加上手非手。渾身是手的含意，是指可用身體任何一個部位去打人。要練到這樣的境界，對於外家拳而言，似乎很不容易，但是太極拳者而言，卻是容易達成的。這是因為正確的太極拳練法，從一開始就鎖定手非手的練法。

鄭子太極創始人鄭曼青先生當年就是在夢中悟到自己沒有了雙手，而大徹大悟體會了太極拳的精華，即在於不用手打人。更正確的說法是，手非手的意思是不以手臂、拳頭為主要施力點，而把它當成勁力的傳導處；透過腳部內勁的啟動，經過以身體為力距，成為加力量之後，再從

手臂發出的強大勁道，用這強大勁道打人，自然已經是手非手，身體那裡都可以打人的。

於是太極更高階段的訓練，便是要捨棄勁道並非一定要從手發出不可，終究練到勁道可從身體任何一處發出，而達到渾身是手的境界。故「渾身是手」與「手非手」是有密切關聯性的，若非從「手非手」境界開始，絕不可能達到「渾身是手」的境界。

對太極拳而言，要練到渾身是手並不困難，只要把身體的各部位勁道，包括根勁、丹田勁、手勁等，一切附屬在骨頭與肌肉間的肌腱長勁短勁都練齊了，能匯整成一勁，自然能達到整勁境界。一達到整勁境界，勁道便可從身體任何一處發出。任何招式皆可順手捻來，在整勁的強大力道支援之下，瞬間變成強大的破壞性武器，有了整勁便距離渾身是手的境界不遠了。

從意守根勁到意守丹田

人體的勁可分為丹田勁與四梢勁，若分成段落，則是身體勁、根勁、手勁等，前人稱為「五張弓」。其中以丹田為核心之身體勁位置居身體中心，故最適宜用以調度，而根勁居基於底層，能借地之力，可用以鞏固根基。

而手勁用以臨敵，故用以吐勁與變化為主。手雖然靈活可變化萬千，但手勁之勁源過小，一向不是中國武術家所追求的主要力量來源，縱使是李小龍之寸勁，也要講究「腰馬合一」才有威力，可見還是要用到「二打一」的境

界，寸勁才會有勁，並非只有手勁而已。

　　而且西方武術拳擊，雖多強調手臂上二頭肌訓練的重要性，但實際在應用時，也要配合腳的穩固，腰身也要轉動來揮拳，這才能發揮拳擊最強大的力量，縱使不算是用到太極的根勁，也算是有「二合一」的影子。所以，中外武術其實都知道用全身打擊的重要性。

　　我們的太極拳更重視全身打擊的重要性，同時也重視「勁」，於是便發出成全身勁之「整勁」。若想練得整勁，則要先懂得根勁、纏絲勁、抽絲勁、鬆沉等境界。入門必須要從習練根勁入手，練得根勁之後，藉由纏絲勁整合全身短勁，成為一體之整勁。有了以根勁為出發點的整勁之後，才會比一般的外家拳，更具有強大爆發力。

　　由於太極拳勁是由根勁為出發點，力距最長，故在傳導勁的強度上，會比一般其他內家拳的勁更加強大，便是我們說的長勁。但由於長勁力距長，故在傳導速度上，不甚熟悉者自然感覺速度較慢一些。這種時間上的差距，若在真實交手中，可能會讓使用根勁者處於挨打局面；功力若差不遠，雖不易敗，卻也只能慘勝。

　　要如何修正這樣的狀況呢？這時候便要把拳架中之「意守根勁」的練法，提升到「意守丹田」境界，把終究會慢半拍的意守根勁境界，拉升至意守丹田的程度。也就是把攻擊的主力部隊由腳底拉至身體的中央部位，讓身體中心的丹田成為打擊部隊進駐的核心，而讓根勁從長線攻擊的角色，進化成後勤補給單位。讓意守丹田成為整個拳架的重點。

這樣一來，原來在《懂勁》一書中所說「專練根勁」之二十二式拳架，便可進化至改練一半練根勁、一半練整勁攻擊之三十四式拳架。在走架的型態上，也會因為三十四式拳套是意守丹田，而產生完全不同的效果。

王宗岳之十三勢行功心解中也說：「心為令，氣為旗，腰為纛。」心便是聽勁，而氣可想像成氣場，至於腰乃丹田位置，等於王宗岳也認為行功時要意守丹田。

當根勁退居到第二線補給之後，並不代表我們用不到它，相反地，反而更需要重用它，否則，就成了無根之萍。練足了根勁之後，可以漸漸改練「半根勁」也就是本書前面所說的「活根」，根勁俱足在雙腳，則容易變「滯」，雖還不至於至雙重之病，卻仍未能充分發揮太極「陰陽相濟」的長處。

故根勁俱足之後，最好慢慢練成一半根勁即可，另一半則隨時待命，或用以補足丹田需勁源時之用，或亦可成為陰陽轉換時，實腳虛腳轉換之用。

根勁退居第二線之後，不但功能上更吃緊外，支援的時效性要求更加重要，可說活根勁的角色，比先前更加重要了。

由三角轉成圓

兩人搭手能勝出的祕訣，全在心態上的認知。要在思維上，把對方視為我們所說的三角中的一角，而把自己視為三角中的二角。如何說呢？型態上一人與一人搭手，就

像中國字中的「林」字，一般外家拳也都是從這個字中去發揮，如何用其中一個「木」去打擊、推擠、拋摔另一個「木」。

但若要成為內家拳高手，就不能把兩人一觸碰的瞬間，當作是個「林」字，若只是把雙方搭手視為一個「林」字，這時雙方便站在相同地位，很難有所突破。

內家拳的高明之處，便是在思想上推翻與對方同等地位的看法。能創新思考把雙方站立的位置視為一個三角形，而不是肉眼所看型體上的「林」字型，更不是一人兩腳所形成的四角型，若是四角型，那麼雙方地位又同等了，等於沒變。

太極觀點是把兩人站立位置視為一個三角型，三角型中二角要支撐住一角，自然就簡單多了，而一角想要靠一角之力推倒二角，當然是困難許多。

但若想要把對方打出、打飛起來，光只是一個三角還是不行。因為自然界中，三角型是最穩固的形狀，雖然對方一角推不倒你，但兩角要推動一角也必須要有十分蠻力才行，不符合太極四兩撥千斤之道。

太極是講究輕靈的拳法，自然不能老以「十分蠻力」在進行，否則便與外家拳無異。故兩人一搭手呈現三角時，這時若想把對方打飛，即必須要轉動三角，我們知道三角可以有很多的形狀變化，從正規的正三角每角各 60 度算起，每牽動一角改變一度，就可以牽引出另外兩個角各增減一度的變化，以達成三角內總和共 180 度的不變法則。所以，牽動每一度的變化就會有 180 種不同的變化。

　　而這個三角也可以視為是在同一個同心圓中大圓裡面在變化，不管三角形的角度怎麼改變，三個點都不會脫離出這個圓圈之內，只是這個圓的面積會隨著三角形各邊的長短，而產生面積大小的變化，圓總是可以 360 度來包含著這個內角總合為 180 度的三角形。

　　根據以上變化，轉變三角關係中的兩角變化，自然能讓對方的一角產生變化，也更達到能引進落空效果。因為若兩角已經變化，表示所在的圓也產生放大縮小的變化，對方的另一角若仍維持不變，自然會失去總合 180 度之依據，自然會撲空，於是便達到我們要求之引進落空效果，自然我們的兩角可得機得勢。

　　由於自己是擁有兩角的的優勢，所以，對方若改變角的落點不及的話，我們便可以藉由改變兩角角度而讓對方的力、勁落空，要發要化在此時，就能隨我心所欲了。縱使對方一角落點即時變化，但一角對兩角吃虧總是一角，力量要多出我方一倍才能撐住，時間一長總還是很容易疲憊的。這也是為何許多學員與筆者推手時，常會覺得自己搭手的手非常的痠疼，沒一會兒功夫便要甩動一下，即是因為他往往總要出兩份力量，才能來對抗筆者的一份力量之故。

　　但這仍不是最高境界，太極的最高境界，便是要讓三角轉成活靈活現的圓，圓內可以有無數的三角變化著，甚至變成立體的球形，三角在球形裡面轉動的愈靈活，對方愈無法招架，要發化對方則愈輕鬆。

勁一定要招之即來，揮之即去

練勁一定要練到招之即來，揮之即去的程度，才算是把內勁給練成了。若練勁未練到能招之即來，揮之即去，而是練到得專心叫勁，勁才會來，甚至還要找勁，或者有時有，有時無。

只有這個姿勢有，換一個姿勢就不行的話，就是還未能達到隨心所欲的境界。這樣的懂勁是尚未成熟的，在應用上會顯現過於「滯怠」。

練勁練到較理想的境界，是想之即來，想去即卸。用意念就可以完全控制勁在身體裡的來去。能練到這個程度，才能在與人應手上有絕大的優勢。

自己可以隨心所欲的應用勁，心意到哪裡，勁就到哪裡，想發人、化人時，只要心念一動，身體自動配合，勁就可以油然而生，對方吃勁就應聲而仆，能練到這個境界，才算是練勁的行家。但在這樣的「念動勁來」的境界之上，還有更高的境界，也就是懂勁的最高明境界「神明之境」。

神明之境就是自己連想都還未想，勁就已經先直覺性的反應出來了，能達到這樣的境界，才算是最高的用勁境界，也就是把勁練到勁活了，就像身體的守護神一般，也如現代的術語「召喚獸」一般，可直覺反射的作出保護主人公的行為。

勁的直覺反應如同安全氣囊

　　練到整勁上身之後，整勁就會如影隨形的跟隨你一輩子。縱使以後有些偷懶不勤練，整勁仍會一直守護著你，在你身上潛伏著，並且二十四小時等候，在最佳時機出現讓你解危，因為勁一旦上身，「勁」就是成為你身體直覺反應的死忠好友。

　　常練勁除了可以增強身體勁力，充補力量的不足之外，還有個好處，就是可直覺性使用出來，反應時間與反射神經時間相同，大約也就是在 0.1 秒之間。這因為勁乃是筋（韌帶）纏繞收縮所衍生出的力量。而人的直覺反射動作，也帶動筋（韌帶）與肌肉的收縮，其中又以筋動為主要力源。君不見人在無意識之間，手若一不小心碰到熱水、熱鍋，手指會馬上快速的收縮，快到自己連思考都還來不及。能在最短的時間之內，讓身體受到最少的傷害，便是反射神經的功勞。其根源即直覺式的收縮，而其力源就是勁與肌肉的直覺式收縮，這與勁的力源同一性質。若是要用肌肉力收回手，還需經過大腦判斷，才能做出動作，速度往往已經慢了大半拍以上，故直覺反應的動作，往往才是保護自己的最佳動作。

　　而我們所謂的勁，是再昇華可直覺反應的筋，讓它力量變得更加強大與整體性，並讓它潛伏在身體裡面，成為遇到狀況時的救命仙丹。在練到長勁之後，尤其是「整勁」之後，等於是把全身的反射動作都連接起來了，這時

若無意識的突然碰到外來的不友善攻擊，身體便會如同啟動安全氣囊一般的啟動勁的直覺反應。

故練勁可以不分門派，不分男女老少，內家、外家都可以修煉。練到整勁之後，反應便如直覺式的動作，或直覺性的阻擋攻擊、或直覺式「反攻擊」，都是舉手投足之間，自然而然的產生的事情，無需再經過大腦的判斷，直接交給身體直覺反應即可，這才是整勁的真意。

這也是為何在可以查得到的太極公案中，許多的太極高手發人打人，往往比旁人視覺還快。甚至，我們可以說，就連高手本身大腦反應，都還跟不上自己身體的反應，高手自己的腦袋可能還反應不過來，來襲的對手卻早已被他打得飛出丈外了，這種情況可視為「聽勁」的最高境界。

整勁爆發點：一寸之距，未沾即發

整勁最好的爆發距離，會是在一寸之間，而非沾身、貼身之後，長於一寸之外，則因筋的伸縮過長，不易發揮其韌性功能，且若筋過度扭轉則容易受傷。但若雙方接觸短於一寸，則筋的伸縮扭轉又過於短促，效果也很難達到最理想的全爆發狀態。故自己整勁完畢後，打擊到對方的最好的距離點，便是在自己與對方接觸的一寸之間，方是最理想距離。這一寸剛好是自己全身整勁的距離，也是應用在對方身上時，能爆發出最大的效能。

其做法與封勁發勁做法類似，其差別在效果上，封勁

發勁是要讓對方的勁道被我們截斷，讓它發不出來，有包住、壓制的意思；而整勁爆發是要讓自己最鋒利之處，去處碰對方尚未鋒利之處，有擊破、破壞的意思。兩者一為壓制，一為是破壞。以功力而論，封勁發勁較高，以破壞效果而論，是整勁爆發的傷殺力較大。

至於長勁，因為是從腳掌起，身體與手只是傳導，由於沒有伸縮問題，故最大效能是在與對方身體密集接觸之後，而非一寸之距。這點對於長勁有體悟的人，應該都會很清楚了解，長勁打人越貼身越好，越貼身越能發揮長勁借地之力的效果；若兩人之間有些落空，反而不能把長勁效果發揮到淋漓盡致。

大砲理論

中華的拳術大多是屬於「狙擊手理論」，也就強調在應手時的攻擊與閃躲，能在一拳一腳之間打到對方的要害，一拳斃命，一下子就可以了事。這應該是從手持武器的爭鬥中，所得出的結論。這理論流行了幾十世紀之久，一直被武術家奉為圭臬。武術家要不是從力量著手者，便是從技術著手，以提升本身的戰鬥力。

若以徒手而言，從力量著手者，雖沒真的打到要害，只要能打到要害附近，也能造成極大的傷害，如少林拳。而從技術著手者，則期望更精準的打到要害中的要害，如擒拿、點穴功。兩者皆以閃、躲、打的順序為習練的原則。

245

　　而到了清末時中國南方兩廣一帶地區，從南少林拳發展出的詠春拳，一改遊戲規則，詠春拳不講究一次打到要害，講究能在架開對方攻擊之同時，也能快速攻擊的連環打擊，這可以說是從一發命中的狙擊手理論，提升到「機關槍理論」，與西洋的拳擊頗有雷同之處。

　　詠春拳的出現大大提升了中國拳術的觀念，故能在南方地區廣為盛行，就是因為詠春在實戰上佔盡了上風。這與西洋流行的拳擊也頗有雷同之處，西洋拳在拳形上也就只有三種類型，直拳、勾拳、逆拳而已，其他拳路都是這三種拳法的變形與組合，至於防守也直接以攻代守，強調以攻擊破壞對方攻擊。拳擊甚至完全捨棄腳的用法，讓腳專心於鞏固根基而已，手則專心於攻擊。這樣的簡單策略，在應手對敵時卻往往能勝過複雜的中國拳法。若有同樣兩人，一人學中國拳三個月，一人學三個月西洋拳手，二人交手對打，勝者往往會是西洋拳手。

　　而太極拳屬於中國拳法，它是「狙擊手理論」？亦或是「機關槍理論」？太極拳是北方發展出來的拳種，若排出目前尚無法考據的祖師爺元末明初時之張三丰外。我們依目前可以考據出來的陳家溝為發展起源而論，太極拳亦是比較偏向於「狙擊手理論」。雖陳式太極也有連珠砲等連續打擊的手法，不過仍為少數的招式。

　　但我們若深入探討到太極拳的核心，會發現太極拳雖源於以往的「狙擊手理論」，但卻大大強調本身的力源，並且異於少林拳使用之力源出處，太極拳捨棄了練力終究有限的修習方向，改修習可以無窮增加全身纏絲勁，進而

發展出「整勁」的太極拳。故練好太極拳的好手，大多能在短距離發勁，甚至零距離發勁，因為勁是螺旋上升的，故攻擊時不需要額外空間，它以螺旋自己製造出打擊空間出來。而且勁還可以連續發出，就如同螺旋旋轉一圈之後又是一個螺旋，力量龐大且綿延不絕，故往往可以把對方打出退後七八步之遠，更有可能將對手打飛起來。

有了這樣的強力勁源之後，太極便從「狙擊手理論」提升到「大砲理論」，從一根槍管提升至大砲級的破壞力，力道倍增了數倍。這樣一來，就算對方縝密防守，對於太極高手而言，也完全不是問題，因為太極拳縱使對方防守縝密，也可以照打不誤。大砲不像槍，非一定要打到要害不可，大砲只要能轟到對手，便通通能打。這樣的大砲打法，大大提升了攻擊的品質，筆者曾在書中說過「太極關門也能打」的說法，便是從此意發展出來。

讓對手關門以得機得勢

在上文說「太極關門也能打」，有時候，我們還特別喜歡對手把門關起來。發勁的先決條件必須「得機得勢」，能得機得勢則四兩可以撥千斤，不得機得勢縱使用千斤也未必能動得了千斤。故得機得勢是太極之首要任務。

前人多以「以靜制動」來得機得勢，以靜制動看似被動，其實已先佔住先機。因為其靜是蓄勁並非恬靜，是確保自己身形不亂，自己身形不亂便可蓄勁待發，對方一攻來，自然完整身形已先破壞，有力大之處必有力虛之處，

避其力大之處，擊其力虛之處，便是以靜制動。但拳腳無定論，若要能讓對方被我方的靜所制，便必須要有功力高低之分，雙方功力相當者，若仍想以靜制動反而會失去先機。

若遇此狀況，必須一改以靜制動之策，改以用攻擊讓對方防守。便是題目所謂的「讓對手關門以得機得勢」。我們提過太極拳是大砲理論，以強大的整勁為後援，故每一手攻擊無不雷霆萬鈞。加上對方若無法借力引力，勢必就要以全面力抗來應付。而抗也有兩種模式，一種是兩敗俱傷的互擊，另一則是關門似的封鎖防守，通常對方若不是抱著玉石俱焚的心態，必會以防守型的「關門」來封鎖我們的攻擊。

以一般對打而言，一攻擊對方，己方就會有破綻出現，而己方一有破綻，對方便有機可乘，可攻擊己方之空缺處。所以，一般的應手對戰，大多是有來有往，相互地把對方門戶打開，擊其弱處，並適時關門防守以防備對方攻擊。

但太極的打法是可與眾不同的，對方若關門採取守勢時，我們的內勁打法照樣可以打，這防守的「關門」剛好成為對方的視野死角，太極拳只需發強勁，便可連人帶門直接拔根而起。太極用以打人的，便是讓對方摔落地面或者撞牆。要知道用地面打人可是絕佳的武器，既全面又無法閃躲，而對方往往在一重摔之後，整個人的骨架便已走樣散了，想要再還擊，就已經力不從心了。

所以，讓對手關門防守，也是太極積極攻擊的一種得

機得勢之舉。

左頂則左打、右頂則右發

太極拳論上有一句話為：「左重則左虛，右重則右杳。」若要更補強的話，則可加上「左頂則左打、右頂則右發」。「左重則左虛，右重則右杳」與「左頂則左打、右頂則右發」這兩句話看似相互矛盾，其實剛好是互補。

王宗岳之「左重則左虛，右重則右杳」是指化勁而言，應用在對方已經侵入己方「內勁圈」時，讓對方撲空，從另一方向打擊對方。而「左頂則左打、右頂則右發」是指發勁而言，發勁與化勁的不同之處，乃在於發勁須保持己身身形不變，發在對方前勁已出，後勁未生之際，往往能發得脆、發得遠，不拖泥帶水，故「左頂則左打、右頂則右發」就是很好的聽勁發勁法則。在對方發勁時，以鬆身接勁，以根勁固己根，也拔對方根。根勁加鬆身便能上化對方來勁，對方來勁上飄之後，他自己自然被自己給拔根去了，這時便是前勁已出、後勁未發之際，也等於是引進落空之時，而此時己身的整勁功夫越好，打在正好的時機上，便越能把對方發得脆與遠。故「左頂則左打、右頂則右發」實是很好的應用原則。

在臨敵之時，往往無法以思考意識作用，都須靠潛意識直覺反應，故絕妙招式往往只流於拳架之中看到，在實戰中是很少能真的使用到的，直覺反應才是臨敵之時的重要依靠。

249

掤、槍、攦相依

掤勁是太極第一勁法，位居「掤、攦、擠、按、採、挒、肘、靠」八勁法中之第一位，其重要地位無庸置疑。但若只有一昧只使用掤勁，拳路雖然剛猛，但卻容易與對手相抗，甚至被對手化掉的危險。縱然從根勁為出發點的掤勁力距長，對手不易化掉，也難引進落空；但是若遇到對手根勁同樣很強的話，雙方則變成在比根勁功力，會是很辛苦之事。

若遇到這種狀況，就應該適時轉換勁的方向，可把掤勁改為槍勁，把原本用己根剷對方根的掤勁，轉為以直上打橫的槍勁。掤勁在受阻之後，表示對方的根勁也很強，雙方功力或許相差無幾，此時便可靈活調動勁法，伺機把掤勁改為朝前之槍勁。如同等於推樹，樹不倒，則直接推其較高處之樹幹，讓其折腰，對方若被槍勁頂到，雖不至於折腰，卻容易往後翻跌。

但是一昧使用朝前的掤勁槍勁，也只是個只進不退的拳法，僅能算是初步的強勢太極功夫而已。要想讓自己的勁法，更上一層樓，就要學會太極的第二勁法「攦勁」，攦勁同樣也是從根勁為出發點，與掤勁互為左右，使法則為相反，掤是讓對手向後、向上，攦則恰巧是讓對手向前、向下、向旁跌出。

攦勁與掤勁使用恰為相反方向，但同樣也需要用到根勁，兩者同樣是以根勁為出發點，同樣要保持自己的身形

不變，同樣要把對手引進落空，兩者唯一差別在於掤勁是讓對手向後拔根，擺勁是讓對手向前拔根。另一個微妙的差別，是掤勁是引進落空後打擊對方的空點處，而擺勁是引進落空後，順著對方的直接向前之力「擺帶」成為向旁之力。

能做到掤槍擺三勁相依，三方互為陰陽變化，勁源都在腳底盤繞伺候對方，即能達到「人不知我、我獨知人也！」

可讓便讓一大片，不可讓分毫堅守

很多習練太極拳者以為太極拳柔軟安舒，以化勁、走勁為主，不力求拳腳打人，故與人搭手時，也時時刻刻心存能化就化、能讓便讓之心。但人非聖賢，都是血肉之軀，練了太極拳也不能飛天鑽地，與人搭手若時時刻刻都想以化、讓為主，最後只會把自己逼到死角，徒流太極十年不出門的笑柄。

筆者以往見過太極同好與外家功夫者搭手，或與人推打、或腿拳相向，太極者皆落入下乘被動，縱使不敗也難以取勝。雖然感覺功夫底子勝過對方外家，卻仍難以取勝。實在很難想像清末時太極好手在北京的「無敵」榮景，這樣的拳腳的確僅能讓人認為太極拳只是養生拳法，甚至老人拳之說。筆者青年時剛學習太極拳，獨自一人在公園練拳，還被一位路過的小朋友譏笑是老人拳，可見世人對於太極拳的誤會甚深，連路過的小孩都認為這太極拳

是不能打人之拳。

而清末之時，太極先賢們，尤其是楊露禪初到北京打下一片江山之時，所遇的對手哪個不是外家硬底子的功夫好手。若只抱持著化、讓的態度去應付對手，又怎能博得「楊無敵」的封號呢！甚至兒子班侯還能持續保有「楊無敵」的封號，若一昧化讓又豈能服眾呢？故正確的應手態度，應是「可讓之時，便讓一大片，不可讓之時，須分毫堅守」才是。

讓可分為「位置」與「時間」上的差別，在位置上，若在面對自己危險的臨界點位置時，連半分退讓也不可，在對方不是侵入我們的臨界點位置時，怎麼讓都沒關係。這就如同「定勁」的態度，愈不爭定勁愈強。

另外在時間上，若己方已完成「陰陽轉換」後，有利的時間便站在我們這邊。在陰陽互換之後，陽位變成陰位，陰地反而成為陽地，此時縱使讓對手侵入自己的臨界點，也僅能是得到我們的虛陽之地，此時反而要讓一大片。讓的少時，對手佔到虛位，我方正好趁虛而入，由對方的虛點打入，事半而功倍！讓的多時，對方則直接跌出，我方連發勁都不需要，對方就已摔出，若這時再加上一把攦勁，對方更會飛跌出去。

這便是太極的祕意「可讓便讓一大片，不可讓分毫堅守」。

「可讓便讓一大片，不可讓分毫堅守」不僅是太極拳理，更是為人處世的道理，筆者從太極拳理「可讓便讓一大片，不可讓分毫堅守」，更體會到為人處世應要「精明

不畏人言，厚道無需人知」之心得。也就是在該精明時，要精明到底，要分毫計較，千萬別打馬虎眼，當個老好人。老好人會讓別人騎到你頭上，對別人太寬裕，卻對自己太刻薄，這也算是未持中庸之道，若總是把別人當人看待，便偶爾會把自己當畜生看待。

　　所以該就事論事時，就請追究到底，要斤斤計較、要分毫不差，如同算術一般，一就是一，二就是二，千萬別怕得罪人，更別畏懼別人的閒言閒語，只要秉持公正原則，人生沒有走不出的路。只要秉持雙方公正，別人縱使心中不服，口中也無反駁可言，而在他更深層的心裡，終究還會更尊敬你的。

　　但是，當遇到他人有什麼困難時，或飢寒交迫，或三餐不繼，或危及性命之時，此時若行有餘力，則應慷慨解囊，大方去救濟、救助。千萬別留下什麼證據，只需默默行事即可。做此事無需人知，甚至，無須天地知，要做到「做過即忘」，如同清風拂過。這樣的態度方是與天道相同，天地給你優渥的生存環境，讓你得天獨厚時，天地會記住得祂所施予的恩惠嗎？當然不會，天地對於萬物的恩澤是做過即忘的，故人行天道也應如此，人行天道便是與天同，天理循環自然會千倍萬倍奉還給你，也就是所謂的蝴蝶效應。往後待人處世，自然能無往不利！

　　本堂進階課程到此全部結束，希望讀者能從以上的十七堂課程中，獲得不只內勁的啟發，還能傾聽自己內在的聲音，用勁改善自己身體的機能；若對於練內勁有興趣者，歡迎你來與我試勁，或者來向我學習內家勁。

附　　錄

各大家先賢論述補軼

　　筆者在前作《懂勁》一書之末,曾附載清末民初時期之太極各大家先賢之論述。後經筆者戮力研究太極經典下,仍發現有不少經典絕文未被後人重視。若我輩再不轉載傳世,恐真會成為遺珠之憾。

　　故在本書之末,便把未刊登在《懂勁》上之各大家先賢之論述,作成「各大家先賢論述補軼」以補上作之失,分享拳友;唯獨部分經典已無法考據,是否確為該人所作,或是後人託名臨摹,尚有疑慮。不過,只要言之有物,仍可把它視為先賢經典,以免先賢心血成為絕響,反而罪過。正所謂「千年贗品,亦是真品」故仍一同附上,以饗同好,以傳後人。

　　本附件中除太極經典之王宗岳著作已在前作《懂勁》一書刊登過之外,其他皆為《懂勁》一書所無之經典補軼。

王宗岳

太極拳論:

　　太極者,無極而生,陰陽之母也。動之則分,靜之則合。無過不及,隨曲就伸。人剛我柔謂之走,我順人背謂之黏。動急則急應,動緩則緩隨。雖變化萬端,而理唯一貫。由著熟而漸悟懂勁,由懂勁而階及神明,然非用力之久,不能豁然貫通焉。

虛領頂勁，氣沉丹田。不偏不倚，忽隱忽現。左重則左虛，右重則右杳。仰之則彌高，俯之則彌深。進之則愈長，退之則愈促。一羽不能加，蠅蟲不能落。人不知我，我獨知人。英雄所向無敵，蓋皆由此而及也。

斯技旁門甚多，雖勢有區別，概不外壯欺弱，慢讓快耳。有力打無力，手慢讓手快，是皆先天自然之能，非關學力而有為也。察「四兩撥千斤」之句，顯非力勝，觀耄耋能禦眾之形，快何能為。

立如枰準，活似車輪。偏沉則隨，雙重則滯。每見數年純功，不能運化者，率皆自為人制，雙重之病未悟耳。欲避此病，須知陰陽。黏即是走，走即是黏。陰不離陽，陽不離陰，陰陽相濟，方為懂勁。懂勁後愈練愈精，默識揣摩，漸至從心所欲。

本是捨己從人，多誤捨近求遠，所謂「差之毫釐，謬之千里」，學者不可不詳辨焉，是為論。

太極拳釋名：

太極拳，一名長拳，又名十三勢。長拳者，如長江大海，滔滔不絕也。十三勢者，分掤，攦，擠，按，採，挒，肘，靠，進，退，顧，盼，定也。

掤，攦，擠，按，即坎，離，震，兌，四正方也。採，挒，肘，靠，即乾，坤，艮，巽，四斜角也。此八卦也。進步，退步，左顧，右盼，中定，即金，木，水，火，土也。此五行也。合而言之，曰十三勢。

打手歌：

掤擴擠按須認真，上下相隨人難進。
任他巨力來打我，牽動四兩撥千斤。
引進落空合即出，沾連黏隨不丟頂。

十三勢行功歌訣：

十三總勢莫輕視，命意源頭在腰隙。
變轉虛實須留意，氣遍身軀不稍癡。
靜中觸動動猶靜，因敵變化是神奇。
勢勢存心揆用意，得來不覺費工夫。
刻刻留心在腰間，腹內鬆淨氣騰然。
尾閭中正神貫頂，滿身輕利頂頭懸。
仔細留心向推求，屈伸開合聽自由。
入門引路須口授，工用無息法自休。
若言體用何為準，意氣君來骨肉臣。
詳推用意終何在，益壽延年不老春。
歌兮歌兮百四十，字字真切義無遺。
若不向此推求去，枉費功夫遺嘆息。

武禹襄

十三勢行功歌解

以心行氣，務令沉著，乃能收斂入骨。以氣運身，務令順遂，乃能便利從心。精神能提起，則無遲重之虞，所謂頂頭懸也。意氣須換得靈，乃有圓活之趣，所謂變動虛

實也。

　　發勁須沉著鬆淨，專主一方。立身須中正安舒，支撐八面。行氣如九曲珠，無微不至。運勁如百煉鋼，無堅不摧。形如搏兔之鵠，神如捕鼠之貓。靜如山岳，動若江河。蓄勁如張弓，發勁如放箭，曲中求直，蓄而後發，力由脊發，步隨身換。

　　收即是放，放即是收，斷而復連，往復須有摺，進退須有轉換。極柔軟，始能極堅剛，能呼吸，然後能靈活。氣以直養而無害，勁以曲蓄而有餘。心為令，氣為旗，腰為纛。先求開展，後求緊湊，乃可以臻於縝密矣。

　　又曰：先在心，後在身，腹鬆靜，氣斂入骨，神舒體靜，刻刻在心。切記一動無有不動，一靜無有不靜，牽動往來，氣貼背，斂入脊骨，內固精神，外示安逸。邁步如貓行，運勁如抽絲。全身意在精神，不在氣，在氣則滯，有氣者無力，無氣者純剛，氣若車輪，腰如車軸。

張三豐

太極拳論

　　一舉動中周身俱要輕靈，尤須貫串，氣宜鼓盪、神宜內斂，無使有缺陷處、無使有凸凹處、無使有斷續處，其根在腳，發於腿、主宰於腰、形於手指，由腳而腿而腰。總須完整一氣，向前退後乃能得機得勢，有不得機得勢處，身便散亂，其病必於腰腿求之，上下前後皆然。凡此皆是。意不在外面，有上即有下，有前則有後，有左則有右，如意要向上即寓下意，若將物掀起即加以挫之之意；

257

斯其根自斷。乃壞之速，而無疑。虛實宜分清楚，一處有一處虛實。周身節節貫串，無令絲毫間斷耳。

長拳者，如長江大海滔滔不絕也。掤、攦、擠、按、採、挒、肘、靠，此八卦也。進步、退步、左顧、右盼、中定，此五行也，『掤攦擠按』，即乾坤坎離四正方也。『採挒肘靠』，即巽震兌艮四斜角也。『進退顧盼定』，即金木水火土也。合之則為『十三勢』也。

「原注云：此係武當山張三丰祖師遺論，欲天下豪傑延年益壽不徒作技藝之末也。太極拳由張三丰所創此說法，始於武禹襄，但考證卻無法證實，故此文為何人所作，已成懸案。若以各朝代文體、用詞觀之，疑似清朝中葉以後作品。」

鄭曼青

體用歌

太極拳，十三式。
妙在二氣分陰陽，化生千億歸抱一。
兩儀四象渾無邊，禦風何似頂頭懸。
我有一轉語，今為知者吐。
湧泉無根腰無主，力學垂死終無補。
體用相兼豈有他，浩然氣能行乎手。
掤攦擠按採挒肘靠進退顧盼定，不化自化走自走
足欲向前先挫後，身似行雲打手安用手。
渾身是手手非手，但須方寸隨時守所守。

乾隆抄本

歌訣一

順項貫頂兩膀鬆：虛靈頂勁，氣沈丹田，兩背鬆，然後窒。

束脅下氣把襠撐：提頂吊襠，心中力量。

胃音開勁兩捶爭：開合按勢懷中抱，七星勢視如車輪，柔而不剛。彼不動，己不動，彼微動，而己意先動。

五指抓地上彎弓：由腳而腿，由腿而身，如練一氣。如轉鵠之鳥，如貓捕鼠、勁如弓發矢，正其四體，步履要輕隨，步步要滑齊。

歌訣二

舉步輕靈神內斂：一舉動，周身俱要輕靈，尤須貫串。氣宜鼓盪，神宜內斂。

莫教斷續一氣研：無使有凸凹處，無使有斷續處。其根在腳，發於腿，主宰於腰，形於手指。由即而腿而腰，總須完整一氣。向前退後，乃能得機得勢。有不得機得勢處，身便散亂。其病必於腰腿求之。

左宜右有虛實處：虛實宜分清楚。一處有一處虛實，處處總此一虛實。周身節節貫串，無令絲毫間斷耳。

意上寓下後天還：上下、前後、左右皆然。凡此皆是意，不在外面。有上即有下，有前即有後，有左即有右。如意要向上，即寓下意。辟如將物之掀起而加以挫之之力。斯其根自斷，壞之速而無疑。

歌訣三

拿住丹田練內功：拿住丹田之氣，練住元形，能打哼哈二氣。

哼哈二氣妙無窮：氣貼背後，斂入脊骨。靜動全身，意在蓄神，不在聚氣。在氣則滯。內三合，外三合。

動分靜合屈伸就：太極者，無極而生，陰陽之母也。動之則分，靜之則合，無過不及，隨屈就伸。

緩應急隨理貫通：人剛我柔謂之走，人背我順謂之黏。動急則急應，動緩則緩隨。雖變化萬端，而理與性唯一貫。由招熟而漸悟懂勁，由懂勁而階及神明。然非用力之久，不能豁然貫通焉。

歌訣四

忽隱忽現進則長：不偏不倚，忽隱忽現。左實則右虛，右重則左輕。仰之則彌高，俯之則彌深。進之則愈長，退之則愈促。

一羽不加至道藏：一羽不能加，蠅蟲不能落。人不知我，我獨知人。雄豪所向無敵，蓋皆由階而及也。

手慢手快皆非似：斯技旁門甚多，雖勢有區別，蓋不外強欺弱，慢讓快耳。有力打無力，手慢讓手快，是皆先天自然之能，非關學力而有也。

四兩撥千運化良：察四兩撥千斤之句，顯非力勝，觀耄耋能禦之形，快何能焉？立如平準，快似車輪。偏沈則隨，雙重則滯。每見數年純功，不能運化，率皆自人制者，雙重之病未悟耳。欲避此病，須知陰陽。黏即是走，

走即是黏。陰不離陽，陽不離陰，陰陽相濟，方懂勁。懂勁後，愈練愈精，默識揣摩，漸至從心所欲。本是捨己從人，多誤捨近求遠。所謂差之毫釐，謬以千里。學者不可不詳辨焉。此論句句切要，並無一字陪襯。非有夙慧之人，未能悟也。先師不肯妄傳，非獨擇人，亦恐枉費工夫耳。

歌訣五

極柔即剛極虛靈：極柔軟，然後極剛堅。能呼吸，然後能靈活。氣以直養而無害，勁以曲蓄而有餘。

運若抽絲處處明：全身意在精神，不在氣，有氣則無力，無氣則純剛。氣如車輪，腰似車軸。似鬆非鬆，將展未展，勁斷意不斷，藕斷絲亦連。

開展緊湊乃縝密：心令，氣旗，腰纛，先求開展，後求緊湊，乃可臻於縝密矣。

待機而動如貓行：牽動往來氣貼背，斂入脊骨。內固精神，外示安逸，邁步如貓行，運勁如抽絲。

歌訣六

掤攦擠按四方正，採挒肘靠斜角成；
乾坤震兌乃八卦，進退顧盼定五行。

長拳者，如長江大河，滔滔不絕也。十三勢者掤、攦、擠、按、採、挒、肘、靠，此八卦也。進步、退步、左顧、右盼、中定，此五行也。合而言之，曰十三勢。掤、攦、擠、挒，即坎、離、震、兌，四正方也；採、挒、

肘、靠，即乾、坤、震、兌，四斜角也。進、退、顧、
盼、定，即水，火，金，木，土也。以上係採、挒、肘、
靠三丰祖師所著。欲天下豪傑延年益壽，不徒作技藝之末
也。

陳王廷 （明末清初，陳氏太極拳創始人）

拳經總歌

縱放屈伸人莫知，諸靠纏繞我皆依。
劈打推壓得進步，搬撂橫採也難敵。
鈎挪逼攬人人曉，閃驚取巧有誰知。
佯輸詐走誰云敗，引誘回衝致勝歸。
滾拴搭掃靈微妙，橫直劈砍奇更奇，
截進遮攔穿心肘，迎風接步紅炮捶。
二換掃壓掛面腳，左右邊簪莊跟腿，
截前壓後無縫鎖，聲東擊西要熟識。
上籠下提君須記，進攻退閃莫遲遲，
藏頭蓋面天下有，鑽心剁肋世間稀。
教師不識此中理，難將武藝論高低。
「注：此歌見於陳氏兩儀堂本拳譜，唐豪考定陳王廷
所著。」

陳長興

太極拳十大要論

第一章 理

夫物，散必有統，分必有合，天地間四面八方，紛紛者各有所屬，千頭萬緒，攘攘者自有其源。蓋一本可散為萬殊，而萬殊咸歸於一本，拳術之學，亦不外此公例。夫太極拳者，千變萬化，無往非勁，勢雖不侔，而勁歸於一，夫所謂一者，自頂至足，內有臟俯筋骨，外有肌膚皮肉，四肢百骸相聯而為一者也。破之而不開，撞之而不散，上欲動而下自隨之，下欲動而上自領之，上下動而中部應之，中部動而上下和之，內外相連，前後相需，所謂一以貫之者，其斯之謂歟！而要非勉強以致之，襲焉而為之也。當時而動，如龍如虎，出乎而爾，急加電閃。當時而靜，寂然湛然，居其所而穩如山岳。靜無不靜，表裏上下全無參差牽掛之意，動無不動，前後左右均無猶豫抽扯之形，洵乎若水之就下，沛然莫能禦之也。若火機之內攻，發之而不及掩耳。不暇思索，不煩擬議，誠不期然而己然。蓋勁以積日而有益，功以久練而後成，觀聖門一貫之學，必俟多聞強識，格物致知，力能有功，是知事無難易，功惟自進，不可躐等，不可急就，按步就序，循次漸進，夫而後百骸筋節，自相貫通，上下表裏，不難聯絡，庶乎散者統之，分者合之，四肢百骸總歸於一氣矣。

第二章 氣

天地間未有一往而不返者，亦未常有直而無曲者矣；蓋物有對待，勢有回還，古今不易之理也。常有世之論捶者，而兼論氣者矣。夫主於一，何分為二？所謂二者，即呼吸也，呼吸即陰陽也。捶不能無動靜，氣不能無呼吸。呼則為陽，吸則為陰，上升為陽，下降為陰，陽氣上升而為陽，陽氣下行而為陰，陰氣上升即為陽，陰氣下行仍為陰，此陰陽之所以分也。何謂清濁？升而上者為清，降而下者為濁，清者為陽，濁者為陰，然分而言之為陰陽，渾而言之統為氣。

氣不能無陰陽，即所謂人不能無動靜，鼻不能無呼吸，口不能無出入，而所以為對待回還之理也。然則氣分為二，而貫於一，有志於是途者，甚勿以是為拘拘焉耳。

第三章 三節

夫氣本諸身，而身節部甚繁，若逐節論之，則又遠乎拳術之宗旨，惟分為三節而論，可謂得其截法：三節上、中、下，或根、中、梢也。以一身言之；頭為上節，胸為中節，腿為下節。以頭面言之，額為上節，鼻為中節，口為下節。以中身言之，胸為上節，腹為中節，丹田為下節。以腿言之，膀為根節，膝為中節，足為梢節。以臂言之，膊為根節，肘為中節，手為梢節。以手言之，腕為根節，掌為中節，指為梢節。觀於此，而足不必論矣。然則自頂至足，莫不各有三節也，要之，既莫非三節之所，即莫非著意之處，蓋上節不明，無依無宗，中節不明，滿腔

是空，下節不明，顛覆必生。由此觀之，身三節部，豈可忽也？至於氣之發動，要從梢節起，中節隨，根節催之而已。此固分而言之；若合而言之，則上自頭頂，下至足底，四肢百骸，總為一節，夫何為三節之有哉！又何三節中之各有三節云乎哉！

第四章四梢

試於論身之外，而進論四梢。夫四梢者，身之餘褚也；言身者初不及此，言氣者亦所罕聞，然捶以由內而發外，氣本諸身而髮梢，氣之為用，不本諸身，則虛而不實；不行於梢，則實而仍虛？；梢亦可弗講乎！若手指足特論身之梢耳！而未及梢之梢也。四梢惟何？髮其一也，夫髮之所繫，不列於五行，無關於四體，是無足論矣，然髮為血之梢，血為氣之海，縱不本諸髮而論氣，要不可雖乎血以生氣；不雖乎血，即不得不兼乎髮，髮欲衝冠，血梢足矣。抑舌為肉之梢，而肉為氣之囊，氣不能行諸肉之梢，即氣無以充其氣之量，故必舌欲催齒，而肉梢足矣。至於骨梢者，齒也，筋梢者，指甲也，氣生於骨而聯於筋，不及乎齒，即不及乎骨之梢，不及乎指甲，即不及乎筋之梢，而欲足爾者，要非齒欲斯筋，甲欲透骨不能也。果能如此，則四梢足矣。四梢足，而氣自足矣，豈復有虛而不宜，實而仍虛之弊乎！

第五章五臟

夫捶以言勢，勢以言氣，人得五臟以成形，即由五臟

而生氣，五臟實為性命之源，生氣之本，而名為心、肝、脾、腎也。心屬火，而有炎上之象。肝屬木，而有曲直之形。脾屬土，而有敦厚之勢，肺屬金，而有從革之能。腎屬水，而有潤下之功。此乃五臟之義而猶準之於氣，皆有所配合焉。凡世之講拳術者，要不能離乎斯也。其在於內胸廓為肺經之位，而肺為五臟之華蓋，故肺經動，而諸臟不能不動也。兩乳之中為心，而肺抱護之。肺之下，膈之上，心經之位也。心為君，心火動，而相火無不奉命焉；而兩乳之下，右為肝，左為脾，背之十四骨節為腎，至於腰為兩背之本位，而為先天之第一，又為諸臟之根源；故腎足，則金木，水，火，土，無不各顯生機焉。此論五臟之部位也。然五臟之存乎內者，各有定位，而見於身者，亦有專屬，但地位甚多，難以盡述，大約身之所繫，中者屬心，窩者屬肺，骨之露處屬腎，筋之聯處屬肝，肉之厚處屬脾，想其意，心如猛，肝如箭，脾之力大甚無窮，肺經之位最靈變，腎氣之動快如風，是在當局者自為體驗，而非筆墨所能盡罄者也。

第六章 三合

五臟既明，再論三合，夫所謂三合者，心與意合，氣與力合，筋與骨合，內三台也。手與足合，肘與膝合，肩與膀合，外三合也。若以左手與右足相合，左肘與右膝相合，左肩與右膀相合，右肩與左亦然。以頭與手合，手與身合，身與步合，孰非外合。心與目合，肝與筋合，脾與肉合，肺與身合，腎與骨合，孰非內合。然此特從變而言

之也。總之。一動而無不動，一合而無不合，五臟百骸悉在其中矣。

第七章六進

既知三合，猶有六進。夫六進者何也？頭為六陽之首，而為周身之主，五官百骸莫不體此為向背，頭不可不進也。手為先鋒，根基在腳，腳不進，則手卻不前矣；是腳亦不可不進也。氣聚於腕，機關在腰，腰不進則氣餒，而不實矣；此所以腰貴於進者也。意貫周身，運動在步，步不進而意則索然無能為矣；此所以必取其進也。以及上左必進右，上右必進左，共為六進。此六進者，孰非著力之地歟！要之：未及其進，合周身毫無關動之意，一言其進，統全體全無抽扯之形，六進之道如是而已。

第八章身法

夫發手擊敵，全賴身法之助，身法維何？

縱，橫，高，低，進，退，反，側而已。

縱，則放其勢，一往而不返。

橫，則理其力，開拓而莫阻。

高，則揚其身，而身有增長之意。

低，則抑其身，而身有攢促之形。

當進則進，殫其力而勇往直前。

當退則退，速其氣而回轉扶勢。

至於反身顧後，後即前也。

側顧左右，左右惡敢當我哉。

而要非拘拘焉而為之也。

察夫人之強弱，運乎己之機關，有忽縱而忽橫，縱橫因勢而變遷，不可一概而推。有忽高而忽底，高底隨時以轉移，豈可執一而論。時而宜進不可退，退以餒其氣。時而宜退，即以退，退以鼓其進。是進固進也，即退亦實以助其進。若反身顧後。而後不覺其為後。側顧左右，而左右不覺其為左右。總之：觀在眼，變化在心，而握其要者，則本諸身。身而前，則四體不命而行矣。身而怯，則百骸莫不冥然而處矣。身法顧可置而不論乎。

第九章 步法

今夫四肢百骸主於動，而實運以步；步者乃一身之根基，運動之樞紐也。以故應戰，對戰，本諸身。而所以為身之砥柱者，莫非步。隨機應變在於手。而所以為手之轉移者，又在於步。進退反側，非步何以作鼓動之機，抑揚伸縮，非步何以示變化之妙。即謂觀察在眼，變化在心，而轉變抹角，千變萬化，不至窮迫者，何莫非步之司命，而要非勉強可致之也。動作出於無心，鼓舞出於不覺，身欲動而步以為之周旋，手將動而步亦早為之催迫，不期然而已然，莫之驅而若驅，所謂上欲動而下自隨之，其斯之謂歟！且步分前後，有定位者，步也。無定位者，亦步也。如前步進，而後步亦隨之，前後自有定位也。若前步作後步，後步作前步，更以前步作後步之前步，後步作前步之後步，前後亦自有定位矣。總之，捶以論勢，而握要者步也。活與不活在於步，靈與不靈亦在於步。步之為用

大矣哉！

第十章剛柔

夫拳術之為用，氣與勢而已矣。然而氣有強弱，勢分剛柔，氣強者，取乎勢之剛，氣弱者，取乎勢之柔，剛者以千鈞之力而扼百鈞，柔者以百鈞之力而破千鈞，尚力尚巧，剛柔之所以分也。然剛柔既分，而發用亦自有別，四肢發動，氣行諸外，而內持靜重，剛勢也。氣屯於內，而外現輕和，柔勢也。用剛不可無柔，無柔則還不速。用柔不可無剛，無剛則催逼不捷，剛柔相濟，則沾、游、連、隨、騰、閃、折、空、掤、擱、擠、捺。無不得其自然矣。剛柔不可偏用，用武豈可忽耶。

用武要言

要訣云：捶自心出。拳隨意發，總要知己知彼，隨機應變。心氣一發，四肢皆動，足起有地，動轉有位，或沾而游，或連而隨，或騰而閃，或折而空，或掤而擱，或擠而捺。拳打五尺以內，三尺以外，遠不發肘，近不發手，無論前後左右，一步一捶，遇敵以得人準，以不見形妙。拳術如戰術，擊其無備，襲其不意，乘機而襲，乘襲而擊，虛而實之，實而虛之，避實擊虛，取本求末。出遇眾圍，如生龍活虎之狀，逢擊單敵，以巨炮直轟之勢。上中下一氣把定，身手足規距繩束，手不向空起，亦不向空落，精敏神巧全在活。古人云：能去，能就，能剛，能柔，能進，能退，不動如山嶽，難知如陰陽，無窮如天

地，充實如太倉，浩渺如四海，眩耀如三光，察來勢之機會，揣敵人之短長，靜以待動，動以處靜，然後可言拳術也。

要訣云：借法容易，上法難，還是上法最先。戰鬥篇云：擊手勇猛，不當擊梢，迎面取中堂，搶上搶下勢如虎，類似鷹鷂下雞場；翻江撥海不須忙，單鳳朝陽最為強；雲背日月天交地，武藝相爭見短長。

要訣云：發步進入須進身，身手齊到是真，法中有訣從何取，解開其理妙如神。古有閃進打顧之法：何為閃，何為進，進即閃，閃即進，不必遠求。何為打，何為顧，顧即打，打即顧，發手便是。

古人云：心如火藥，手如彈，靈機一動鳥難逃。身似弓弦，手似箭，弦響鳥落顯奇神。起手如閃電，電閃不及合眸。襲敵如迅雷，雷發不及掩耳。左過右來，右過左來；手從心內發，落向前落。力從足上起，足起猶火作。上左須進右，上右須進左，發步時足根先著地，十趾要抓地，步要穩當，身要莊重，去時撒手，著人成拳。上下氣要均停，出入以身主宰；不貪，不欠，不即，不離 拳由心發，以身催手，一肢動百骸皆隨；一屈，統身皆屈；一伸，統身皆伸；伸要伸得盡，屈要屈得緊。如捲炮捲得緊，崩得有力。

戰鬥篇云：不拘提打，按打、擊打、沖打、膊打、肘打 胯打、腿打、頭打、手打、高打、低打、順打、橫打、進步打、退步打、截氣打、借氣打以及上下百般打法，總要一氣相貫。出身先占巧地，是戰鬥要訣。骨節要

對，不對則無力，手把要靈，不靈則生變。發手要快，不快則遲誤。打手要狠，不狠則不濟。腳手要活，不活則擔險。存心要精，不精則受愚。

發身要鷹揚猛勇，潑皮膽大，機智連環。勿畏懼遲疑；如關臨白馬，趙臨長坂，神威凜凜，波開浪裂，靜如山嶽，動如雷發。

要訣云：人之來勢，務要審察，足踢頭前，拳打膊乍，側身進步，伏身起發。足來提膝，拳來肘發，順來橫擊，橫來棒壓，左來右接，右來左迎，遠便上手，近便用肘，遠便足踢，近便加膝。拳打上風，審顧地形，手要急，足要輕，察勢如貓行。心要整，目要清，身手齊到始成功。手到身不到，擊敵不得妙。手到身亦到，破敵如摧草。

戰鬥篇云：善擊者，先看步位，後下手勢。上打咽喉，下打陰，左右兩肋並中心。前打一丈不遠，近打只在一寸間。

要訣云：操演時面前如有人，對敵時有人如無人。面前手來不見手，胸前肘來不見肘。手起足要落，足落手要起。心要佔先，意要勝人，身要攻人，步要過人，頭須仰起，胸須現起，腰須堅起，丹田須運起，自頂至足，一氣相貫。

戰鬥篇云：膽戰心寒者，必不能取勝。不能察形勢者，必不能防人。先動為師，後動為弟，能教一思進，莫教一思退。膽欲大而心欲小，運用之妙，存乎一心而已。一而運乎二氣，行乎三節，現乎四梢，統乎五行。時時操

演，朝朝運化，始而勉強，久而自然。拳術之道學，終於此而已矣。

陳　鑫

太極拳發蒙纏絲勁論

太極拳，纏法也。纏法如螺絲形運於肌膚之上，平時運動恒用此勁，故與人交手，自然此勁行乎肌膚之上，而不自知，非久於其道不能也。其法有：進纏，退纏；左纏，右纏；上纏，下纏；裏纏，外纏；順纏，逆纏；大纏，小纏。

而要莫非以中氣行乎其間，即引即進，皆陰陽互其根之理也。或以軟手，手軟何能接物應事？若但以象視之，似乎不失於硬，故以軟手。

其周身規矩：頂勁上領，襠勁下去要撐圓，要合住。兩肩鬆下，兩肘沈下，兩手合住，胸向前合。目勿旁視，以手在前者的；頂不可倒塌，胸中沈心靜氣；兩膝合住勁，腰勁下去；兩足常用勾勁，須前後合住勁。

外面之形，秀若處女，不可帶張狂氣，一片幽閒之神，儘是大雅風規。至於手中，其權衡皆本於心，物來順應，自然合進退、緩急、輕重之宜。此太極之陰陽相停，無少偏倚，而開合之妙用也。其道豈淺鮮哉！

太極拳總論

純陰無陽是軟手，純陽無陰是硬手。

一陰九陽根頭棍，二陰八陽是散手，
三陰七陽猶覺硬，四陰六陽顯好手，
惟有五陰併五陽，陰陽無偏稱妙手。
妙手一看一太極，空空迎化歸烏有。

太極拳推原解

斯人父天母地莫非太極陰陽之氣（言氣而理在其中），醞釀而生天地，固此理（言理而氣在其中）三教歸一亦此理，即宇宙（太極是體，陰陽是體中之氣，四方上下曰宇，古今往來曰宙。）之萬事萬物。又何莫非此理，況拳之一藝焉，能外此理而另有一理，此拳之所以以太極名也。

拳者，權也，所以權物而知其輕重者也。然其理實根乎太極，而其用不遺乎兩拳。且人之一身，渾身上下都是太極，即渾身上下都是拳，不得以一拳目拳也。其樞在一心，心主乎敬，又主乎靜；能敬而靜，自葆虛靈；天君有宰，百骸聽命。動則生陽，靜則生陰，一動一靜，互為其根。清氣上升，濁氣下降，百會、中極，一體管鍵。

初學用功，先求伏應，來脈轉關，一氣相生，手眼活，不可妄動。其為氣也，至大至剛，直養無害，充塞天地，配義與道，端由集義，渾灝流行，自然一氣。輕如楊花，堅如金石，虎威比猛，鷹揚比疾。行同乎水流，止侔乎山立。進為人所不及知，退亦人所莫名速。理精法密，條理縷析。放之則彌六合，卷之則退藏於密。

其大無外，其小無內，中和元氣，隨意所之，意之所

向，全神貫注。變化猶龍，人莫能測，運用在心，此是真
訣。不偏不倚，無過不及，內以修身，外以制敵。臨時制
宜，只因素裕。不即不離，不沾不脫，接骨逗榫，細心揣
摩，真積力久，升堂入室。

楊班侯

太極拳九要訣
一：全體大用訣
太極拳法妙無窮，掤攦擠按雀尾生。
斜走單鞭胸膛占，回身提手把招封。
海底撈月亮翅變，挑打軟肋不容情。
摟膝拗步斜中找，手揮琵琶穿化精。
貼身靠近橫肘上，護中反打又稱雄。
進步搬攔肋下使，如封似閉護正中。
十字手法變不盡，抱虎歸山採挒成。
肘底看捶護中手，退行三把倒轉肱。
墜身退走扳挽勁，斜飛招法用不空。
海底針要躬身就，扇通臂上托架功。
撇身捶打閃化式，橫身進前招法成。
腕中反有閉拿法，雲手三進臂上攻。
高探馬上攔手刺，左右分腳手要封。
轉身蹬腳腹上占，進步栽捶迎面衝。
反身白蛇吐信變，採住敵手取雙瞳。
右蹬腳上軟肋踹，左右披身伏虎精。

上打正胸肋下用，雙峰貫耳著法靈。
左蹬腳踢右蹬式，回身蹬腳膝骨迎。
野馬分鬃攻腋下，玉女穿梭四角封。
搖化單臂托手上，左右用法一般同。
單鞭下式順峰入，金雞獨立占上風。
提膝上打致命處，下傷二足難留情。
十字腿法軟骨斷，指襠捶下靠為鋒。
上步七星架手式，退步跨虎閃正中。
轉身擺蓮護腿進，彎弓射虎挑打胸。
如封似閉顧盼定，太極合手式完成。
全體大用意為主，體鬆氣固神要凝。

二：十三字行功訣

十三字：掤，攦，擠，按，採，挒，肘，靠，進，退，顧，盼，定。

口訣：

掤手兩臂要圓撐，動靜虛實任意攻。
搭手攦開擠掌使，敵欲還招勢難逞。
按手用招似傾倒，二把採住不放鬆。
來勢兇猛挒手用，肘靠隨時任意行。
進退反側應機走，何怕敵人藝業精。
遇敵上前迫近打，顧住三前盼七星。
敵人逼近來打我，閃開正中定橫中。
太極十三字中法，精意揣摩妙更生。

三：十三字用功訣

逢手遇掤莫入盤，黏沾不離得招難。
閉掤要上採挒法，二把得實急無援。
按定四正隅方變，觸手即佔先上先。
握擠二法趁機使，肘靠攻在腳跟前。
遇機得勢進退走，三前七星顧盼間。
周身實力意中定，聽探順化神氣關。
見實不上得攻手，何日功夫是體全。
操練不按體中用，修到終期藝難精。

十三字：掤握擠按採挒肘靠，進退顧盼定。
三前：手前、足前、眼前。
七星：肩肘膝胯頭手足七個出擊點

四：八字訣法

三換二握一擠按，搭手遇掤莫讓先。
柔裏有剛攻不破，剛中無柔不為堅。
避人攻守要採挒，力在驚彈走螺旋。
逞勢進攻貼身肘，肩胯膝打靠為先。

五：虛實訣

虛虛實實神會中，虛實實虛手行動。
練拳不諳虛實理，枉費功夫終無成。
虛守實發掌中竅，中實不發藝難精。
虛實自有虛實在，實實虛虛攻不空。

六：亂環訣

亂環術法最難通，上下隨合妙無窮。
陷敵深入亂環內，四兩千斤招法成。
手腳齊進橫豎找，掌中亂環落不空。
欲知環中法何在，發落點對即成功。

七：陰陽訣

太極陰陽少人修，吞吐開合問剛柔。
正隅收放任君走，動靜變化何須愁。
生剋二法隨招用，閃進全在動中求。
輕重虛實怎的是，重裏現輕勿稍留。

八：十八在訣

掤在兩臂，攦在掌中，擠在手背，按在腰攻。
採在十指，挒在兩肱，肘在屈使，靠在肩胸。
進在雲手，退在轉肱，顧在三前，盼在七星。
定在有隙，中在得橫，滯在雙重，通在單輕。
虛在當守，實在必衝。

九：五字經訣

披從側方入，閃展全無空。
擔化對方力，搓磨試其功。
歉含力蓄使，黏沾不離宗。
隨進隨退走，拘意莫放鬆。
拿閉敵血脈，扳挽順勢封。

軟非用拙力，掤臂要圓撐。

摟進圓活力，摧堅戳敵峰。

掩護敵猛入，撮點致命攻。

墜走牽挽勢，繼續勿失空。

擠他虛實現，攤開即成功。

附八要：掤要撐，摳要輕，擠要橫，按要攻，採要實，挒要驚，肘要衝，靠要崩。

十三法：掤摳，擠按，採挒，肘靠，進退，顧盼，定（中）；正偶，虛實，收放，吞吐，剛柔，單雙，重（輕）。

打手秘訣：擎、引、鬆、放（象）、敷、蓋、對、吞（氣）。

六合勁：擰裏、鑽勁、螺勁、抖搜、驚彈、崩炸。

楊 澄 甫

楊澄甫口述　陳微明筆錄

論太極推手

世間練太極者，亦不在少數。宜知分別純雜，以其味不同也。

純粹太極，其臂如棉裏鐵，柔軟沉重。推手之時，可以分辨。

其拿人之時，手極輕而人不能過。其放人之時，如脫彈丸，迅速乾脆，毫不受力。

被跌出者，但覺一動，並不覺痛，已跌出丈餘矣。

　　其黏人之時，並不抓擒，輕輕黏住，即如膠而不能脫，使人雙臂酸麻不可耐。此乃真太極也。

　　若用力按人推人，雖亦可以制人，將人打出，然自己終未免吃力，受者亦覺得甚痛，雖打出亦不能乾脆。

　　反之，吾欲以力擒制太極能手，則如捕風捉影，處處落空。又如水上踩葫蘆，終不得力。

清代楊氏傳鈔老譜太極體用解

　　理為精、氣、神之體。精、氣、神為身之體。身為心之用，勁力為身之用。心、身有一定之主宰者理也。精、氣、神有一定之主宰者，意誠也。誠者，天道；誠之者，人道。俱不外意念須臾之間。

　　要知天人同體之理，自得日月流行之氣。其氣意之流行，精神自隱微乎理矣！夫而後言乃武、乃文、乃聖、乃神，則得矣。若特以武事論之於心身，用之於勁力，仍歸於道之本也，故不得獨以末技云爾！

　　勁由於筋，力由於骨，如以持物論之，有力能執數百斤，是肯節、皮毛之外操也，故有硬力。如以全體之有勁，似不能持幾斤，是精氣之內壯也。雖然，若是功成後猶有妙出於硬力者，修身、體育之道有然也。

楊澄甫口述　　張鴻逵筆錄

太極拳之練習談

　　中國之拳術，隨派別繁多，要知皆寓有哲理之技術，歷來古人窮畢生之精力，而不能盡其玄妙者，比比皆是，

學者若費一日之功力，即得有一日之成效，日積月累，水到渠成。

太極拳，乃柔中寓剛、棉裏藏針之藝術，於技術上、生理上、力學上，有相當之哲理存焉。故研究此道者，需經過一定之程式與相當之時日，雖然良師之指導、好友之切磋固不可少，而最緊要者，是在逐日自身之鍛鍊。否則談論終日，思慕經年，一朝交手，空洞無物，依然是門外漢者，未有逐日功夫。古人所謂終思無益，不如學也。若能晨昏無間，寒暑不易，一經動念，即舉摹練，無論老友男女，及其成功則一也。

近來研究太極拳者，由北而南，同志日增，不禁為武術前途喜。然同志中，專心苦練，誠心向學，將來不可限量者固不乏人，但普通不免入於兩途，一則天才既具，年力又強，舉一反三，穎悟出群，惜乎稍有小成，便是滿足，遽邇中輟，未能大受；其次急求速效，忽略而成，未經一載，拳、劍、刀、槍皆已學全，雖能依樣葫蘆，而實際未得此中三昧，一經考究，其方向動作，上下內外，皆未合度，如欲改正，則式式皆須修改，且朝經改正，而夕已忘卻。故常聞人曰：「習拳容易改拳難。」此語之來，皆由速成而至此。如此輩者，以誤傳誤，必致自誤誤人，最為技術前途憂者也。

太極拳開始，先練拳架。所謂拳架者，即照拳譜上各式名稱，一式一式由師指教，學者悉心靜氣，默記揣摩，而照行之，謂之練架子。此時學者應注意內外上下：屬於內者，即所謂用意不用力，下則氣沉丹田，上則虛靈頂

勁；屬於外者，周身輕靈，節節貫穿，由腳而腿而腰，沉肩屈肘等是也。初學之時，先此數句，朝夕揣摩而體會之，一式一手，總須仔細推求，舉動練習，務求正確。習練既純，再求二式，於是逐漸而至於習完，如是則毋事改正，日久亦不致更變要領也。

習練運行時，周身骨節，均須鬆開自然。其一，口腹不可閉氣；其二，四肢腰腿，不可氣強勁。此二句，學內家拳者類能道之，但一舉動，一轉身，或踢腿擺腰，其氣喘矣，起身搖矣，其病皆由閉氣與起強勁也。

一、摹練時，頭部不可偏側與俯仰，所謂要「頭頂懸」，若有物頂於頭上之意，切忌硬直，所謂懸字意義也。目光雖然向前平視，有時當隨身法而轉移。其視線雖屬空虛，亦未變化中一緊要之動作，而補身法手法之不足也。其口似開非開，似閉非閉，口呼鼻吸，任其自然。如舌下生津，當隨時咽入，勿吐棄之。

二、身軀宜中正而不倚，脊樑與尾閭，宜垂直而不偏；但遇開合變化時，有含胸拔背、沉肩轉腰之活動，初學時節須注意，否則日久難改，必流於板滯，功夫雖深，難以得以致用矣。

三、兩臂骨節均須鬆開，肩應下垂，肘應下屈，掌宜微伸，手尖微曲，以意運臂，以氣貫指，日積月累，內勁通靈，其玄妙自生矣。

四、兩腿宜分虛實，起落猶似貓行。體重移於左者，則左實，而右腳謂之虛；移於右者，則右實，而左腳謂之虛。所謂虛者，非空，其勢仍未斷，而留有伸縮變化之餘

意存焉。所謂實者，確實而已，非用勁過分，用力過猛之謂。故腿曲至垂直為準，逾此謂之過勁，身軀前撲，即失中正姿勢。

五、腳掌應分踢腿（譜上左右分腳或寫左右起腳）與蹬腳二式，踢腿時注意腳尖，蹬腿時則注意全掌，意到而氣到，氣到而勁自到，但腿節均須鬆開平穩出之。此時最易起強勁，身軀波折而不穩，發腿亦無力矣。

太極拳之程式，先練拳架（屬於徒手），如太極拳、太極長拳；其次單手推挽、原地推手、活步推手、大擺、散手；再次則器械，如太極劍、太極刀、太極槍（十三槍）等是也。

練習時間，每日起床後兩遍，若晨起無暇，則睡前兩遍，一日之中，應練七八次，至少晨昏各一遍。但醉後、飽食後，皆宜避忌。

練習地點，以庭院與廳堂，能通空氣，多光線者為相宜。忌直射之列風與有陰濕黴氣之場所，因身體一經運動，呼吸定然深長，故烈風與黴氣如深入腹中，有害於肺臟，易致疾病也。練習之服裝，宜寬大之中服短裝與闊頭之布鞋為相宜。習練經時，如遇出汗，切忌脫衣裸體，活行冷水楷抹，否則未有不患疾病也。

雜　說

今太極拳各樣子甚多，同志難以分清。敬告一法，可知無論何人傳的，能柔能剛能舒筋活血就對；還有一文武驗法，觀其兩膊皮膚甚軟，骨肉甚沉重就對，為文知法。

論使用法，能用太極方法姿勢不亂，從從容容將人跌出就對，為武知法。若用力亂打，雖勝為僥倖，定非真傳，不足為法，同志容易辨認太極拳也。

太極拳有分筋挫骨之手，有點血之手，有陰手，有陽手，有五行手，有入骨拳，又剖心捶，又眼虎肘，有貼山靠，有鴛鴦腿，有刀掌劍指，有刁拿手，有隔山打牛之能力。此非真打牛而言，皮膚無痛而內受傷矣。

太極拳為內家拳，俗稱內功拳。拳術門頂厲害的是內家拳。如同志學成功之後，千萬留一分慈念，不可輕易用毒手打人，勿忽先師遺師也。

太極拳術盛行於國中，今之學拳者，莫不以練太極拳為最高。但所學各人問的不同，有鍛鍊身體者，無論何人教皆可。目的在學使用法，非高明者教不可。

練太極拳能轉弱為強，確有反老還童之功。欲拳速成，謹忌煙酒色宣有節，起居定時。各種損身嗜好不可多有。

傳拳始自武當少林兩派，至今還是分門別戶的，同是少林寺侍出分為餘派，武當山傳出的，至今分派亦不少，若說合一，實所不能作到的，若就太極拳而論概多數是楊露禪師以後傳下來的，今竟分東派西派，各自贊美，初學人是難分清的，我亦說我的拳好，究竟那個好，理想知道各姿勢不同，有說長力的，有說長巧的，無論如何，太極拳理不能兩說也，不得真傳，不知所以然也。

（一）學拳之法有二，作朋友年歲相當亦可學拳，拜老師亦可學拳，有恆心皆可學拳成功也。

283

（二）學術教不教，全在學拳人，不在老師，略如言之，近人盛知太極好，有心想學，又恐老師不真傳，未入門先懼三分，老師雖欲傳，烏何哉，多學家，半途而廢，猶志祇知咎其師不傳，不知問其自己不學，以為說老師不傳者戒，比仿劉備欲請孔明，未審肯出山否，初請，再請，三請，孔明欲不出，安得能乎，以為學者法，願同志普及太極拳者慮。

（三）學一種好東西，是要費點精神的。

（四）看書得到易處，莫託言己能，勿負作者苦心也。

楊老師傳拳很公開的，授人同是一樣教法，何以有優劣不等，蓋人人性質不同，聰明不同，授法悟通與否不同，蓋太極理甚深，非一口能懂，陞階有級，老師授法，一疊一疊來的，若未學到奧妙，半途而廢，若說老師不真傳，誠為謬說，日淺功淺，就說出金石之言，亦不懂的，慢慢繼續進學，莫有不教之理也。

楊牙有一日行樂，演使用法，與人王保還搭手，用按法，將其人跌出三丈餘外，真有奇觀，老師之做用法，與敵人搭手，敵人足下如無根，即站立不足，看楊老師面貌極從容，手足極輕靈，只以抬手，敵跌出如射箭之速，楊老師的拳，真妙極了，人人莫不敬服。

太極本為內家拳，如姿勢正確，內理明白，即是太極拳，如姿勢不正確，內理不明白，雖姿勢類太極，與外家拳無異也。

自古之拳，定不傳得寶，忘師之人，日後能不忘師傳，定得真傳，可無疑焉。

284

（一）練太極拳，學使用法為必要，同志欲鍛鍊身體者，亦必學使用法，如不學使用法，無趣味，多有半途而廢者，以致有阻身體強壯進步，如學會使用法，並非無故打人，可與朋友研究妙理，你打我化，我打你應，滔滔不絕，各種變化，生生不已，知道太極拳有無數變化，手舞足蹈之樂，日日幸趣增加，繼續不忘之樂，年年練習，身體由此而強壯，練身必學使用法，榕唬有心對敵乎，所以同志練太極拳，必定學使用法可也。

（二）練太極拳提倡武術

（三）練太極拳轉弱為強

（四）練太極拳發育體格

（五）練太極拳多活十年

評　論

有人言文武當老師，其傳必留一手不傳，我言之則不然，無論學文學武，有朋友學，有門生學，兩說，為朋友久而能敬，為門生百年不忘師傅，無論文武為師，不盡心相授，是無天理，惟練武人以義氣當先，未盡所學半途而廢，如說為師不肯盡授，留一手之說，其理甚怪。論太極不在外形之姿勢，全在內理勁與氣耳理通之後，自悟神而化之可成全功。

參考書目：

張三豐：太極拳論

黃宗羲：王征南墓誌銘

陳王廷：拳經總歌

王宗岳：太極拳論等四篇

陳長興：太極拳十大要論

陳　鑫：陳氏太極拳圖說

武禹襄：太極拳解等五篇

李亦畬：太極拳小序等四篇

楊班侯：太極拳九要訣

楊澄甫：太極拳用法圖解、口述、雜說、評論

楊振國：楊式太極拳精選套路

郭連蔭：郭連蔭太極拳譜

吳孟俠・吳兆峰：太極拳九訣八十一式注解

鄭曼青：鄭子太極拳十三篇、鄭子太極拳自修新法

顧留馨・唐豪：太極拳研究

顧留馨：顧留馨太極拳研究

張敦熙：太極拳研究一得紀要

閻　華：少林破壁

張義敬：太極拳傳真、太極拳傳真續集

戴君強：太極拳動力的科學

紀進村：華佗五禽戲

陳章波：太極拳動禪心法

羅錦興：時時放輕鬆

潘　岳：突破拳學奧秘、開元先天勁拳學、縱橫內家武學

薛乃印：武式太極拳精華、武式太極明珠

郝少如：武式太極拳

馬　虹：陳氏太極拳拳理闡微

馮志強：陳式太極拳入門

施錫欽：黃性賢太極鬆身五法

孫家樑譯：秘門螳螂拳法

安在峰：太極拳推手絕技

余功保：隨曲就伸—中國太極拳名家對話錄

嚴翰秀：太極拳奇人奇功

沈　壽：太極拳譜

劉康毅：武學書館聞藝錄〈1〉

乾隆抄本：六歌訣

莎拉・布萊威爾：人體小百科

沈于順、黃逸武：懂勁—內家拳的瑰寶

國家圖書館出版品預行編目資料

懂勁之後─內家勁的修煉/ 黃逸武 編著
－初版－臺北市：大展，2014【民103.11】
面；21 公分－（武學釋典；20）
ISBN 978-986-346-043-5（平裝；附影音數位光碟）

1. 太極拳

528.972　　　　　　　　　　　103018038

懂勁之後 內家勁的修煉 附 DVD

作　　　者/黃　逸　武
責任編輯/孟　　　甫
發 行 人/蔡　森　明
出 版 者/大展出版社有限公司
社　　　址/台北市北投區（石牌）致遠一路 2 段 12 巷 1 號
電　　　話/(02) 28236031・28236033・28233123
傳　　　真/(02) 28272069
郵政劃撥/01669551
網　　　址/www.dah-jaan.com.tw
E-mail/service@dah-jaan.com.tw
登 記 證/局版臺業字第 2171 號
承 印 者/傳興印刷有限公司
裝　　　訂/佳昇興業有限公司
排 版 者/千兵企業有限公司
初版1刷/2014 年（民 103）11 月
初版5刷/2020 年（民 109）2 月　　　　　定價 / 350 元

大展好書　好書大展
品嘗好書　冠群可期